Moritz Küpper

Rücktritte

W0171627

Moritz Küpper

Rücktritte:
Über die Kunst ein Amt zu verlassen

Hg. von Bodo Hombach

Tectum

Moritz Küpper
Rücktritte: Über die Kunst, ein Amt zu verlassen
Herausgegeben von Bodo Hombach
Mit einem Vorwort von Bodo Hombach und einem Beitrag von Volker Kronenberg
© Tectum – ein Verlag der Nomos Verlagsgesellschaft, Baden-Baden 2017
ISBN 978-3-8288-3846-8
Umschlagabbildung: Moritz Kappeler | © dpa; Fotografie Moritz Küpper –
Gustav Kuhweide | FOTO-KUHWEIDE.DE
Lektorat: Volker Manz
Druck und Bindung: Finidr, Český Těšín

Bibliografische Informationen der Deutschen Nationalbibliothek
Die Deutsche Nationalbibliothek verzeichnet diese Publikation in der
Deutschen Nationalbibliografie; detaillierte bibliografische Angaben sind
im Internet über http://dnb.ddb.de abrufbar.

INHALT

GRUNDLAGEN UND HINTERGRÜNDE

RÜCKTRITTE IN DER PRAXIS

PERSPEKTIVEN

ANHANG

»Nicht abwarten, dass man eine untergehende Sonne sei: Es ist eine Regel der Klugen, die Dinge zu verlassen, ehe sie uns verlassen. Man wisse, aus seinem Ende selbst sich einen Triumph zu bereiten.«

Balthasar Gracián
(philosophischer Schriftsteller Spaniens, der von 1601 bis 1658 lebte)

VORWORT

von Herausgeber Prof. Bodo Hombach

Sigmar Gabriel verließ im März 2017 die Kommandobrücke in klarer Einschätzung der Situation von Partei, Person und historischer Notwendigkeit: ein beispielgebender Fall demokratischer Rücktrittskultur.

Einen ähnlichen Coup landete Benedikt XVI. Er tat, was in 2000-jähriger Kirchengeschichte bis dahin erst einer getan hatte (Coelestin V. im Jahr 1294). Entsprechend aufgeregt und gegensätzlich waren die Reaktionen. Die einen erklärten seinen Schritt als folgerichtig und sachgerecht. Die anderen verwiesen auf den Weihecharakter des Amtes und behaupteten ein unauflösliches Band zwischen Funktion und Person.

Im größten Teil der Geschichte und der Welt wurde und wird die Macht charismatisch verstanden. Sie wurde vererbt oder durch »Handauflegung« übertragen. »Es steht geschrieben«, war die Antwort auf jede Frage nach der Legitimation. Die deutschen Könige wurden zwar durch die Kurfürsten gewählt, dann aber gesalbt und mit den Reichsinsignien versehen. Die Reichskrone zeigt Bilder der biblischen Könige David und Salomon als idealisierte Herrschergestalten. Wen wundert es: Nach ihrer Krönung in Aachen begaben sich die Karls, Heinriche und Ludwige als Erstes nach Köln, um sich am Schrein der Heiligen Drei Könige eine hohe Dosis ihres Gottesgnadentums zu besorgen. Und so, wie sie ihr Amt verstanden, setzte es sich bis in die kleinste Amtsstube fort. Wer es bis dorthin geschafft hatte, hatte es geschafft. Er residierte »im Nebel seiner Wichtigkeit« (Joseph Sonnenfels) und betrachtete die Bittsteller als sehr viel sterblicher als sich selbst. – Entsprechend konvulsivisch waren die Zuckungen einer Gesellschaft oder eines Staates, wenn der Inhaber des Thrones vor der Zeit abdankte oder abgedankt wurde. Dazu bedurfte es zumeist einer Revolution und eines Schafotts oder eines Krieges. Es kam die Bürger teuer zu stehen und bedeutete lange Zeiten der Unruhe.

Aber dann kam in Westeuropa die Aufklärung. Man begann, die Dinge im Licht der Vernunft zu betrachten und definierte den Staat als einen Gesellschaftsvertrag zum Wohle aller. Noch war es sensationell, wenn der Müller von Sanssouci gegen die Willkür Friedrichs II. an das Reichskammergericht in Berlin appellierte, und es ging nicht ohne eine Revolution, in der viele Köpfe rollten. Der moderne republikanische Staat war geboren. Er funktionierte auf der Basis vernünftiger Gesetze, hielt die Macht durch Teilung in Schach und erfand den Bürgerstolz.

Die Demokratie hatte ein modernes und gänzlich anderes Amtsverständnis. Man ist dessen Verwalter und nicht Besitzer. Der Rücktritt eines Amtsträgers ist weder ungewöhnlich, noch dramatisch. Wie lange und mühsam er darum gekämpft und den Augenblick des Triumphes genossen hat, es ist alles auf Widerruf. Schon bald kann etwas geschehen, was ihn zum Rücktritt zwingt. Er muss nicht persönlich schuldig sein. Es genügt ein schwerer Fehler von Mitarbeitern seines Verantwortungsbereiches. Der Respekt vor dem Amt sollte ihn veranlassen, die Konsequenzen zu ziehen. Es ist eine Frage der Hygiene. So betrachtet ist ein Rücktritt kein Zeichen der Schwäche, weder des Systems, noch des Betroffenen, sondern ein Zeichen für beider Stärke. Im Umkehrschluss kann ein fälliger, aber beharrlich verweigerter Rücktritt das Amt beschädigen und letztlich auch seinen Träger. In der Skandalchronik fehlt es nicht an Beispielen. Mancher kann seinen Hut nicht nehmen, weil er an dem Sessel klebt, auf dem er sitzt. Argumente beeindrucken ihn nicht. In Schillers »Wallenstein« sagt Oberst Butler: »Ich hab ein Amt und keine Meinung.«

Andererseits können gehäufte Rücktritte auch Sorgen machen, dann nämlich, wenn eine »wölfische« Gesellschaft, angeheizt durch demagogische Kräfte, den starken und kompetenten Träger eines Amtes in die Erschöpfung treibt. Verantwortungslose Medien und die Hetzkampagnen des Internets bieten dazu ein ganzes Arsenal von Möglichkeiten. Das richtet nicht nur akuten Schaden an, es kann auch bewirken, dass niemand mehr bereit ist, sich für ein Amt zur Verfügung zu stellen (»Warum sollte ich mir das antun?«). Wie in jedem Betrieb ist auch die innere Kündigung des Bürgers der Super-GAU. Der nächste Schritt ist passive Sabotage. Man lässt etwas vor die Wand laufen, obwohl man es retten könnte. In der Politik bleibt ein Vakuum nicht leer. Wo die Guten weichen, füllt es sich mit den Schlechten, mit Machtjunkies, Emporkömmlingen und Glücksrittern. Der Weg eines solchen Gemeinwesens führt vor die Wand.

Diese sehr spontanen und thesenhaften Überlegungen machen bewusst: Der Rücktritt in der Demokratie ist nicht nur ein spezielles Ereignis. Er ist auch ein Thema. Er fordert heraus. Er polarisiert. Er kann dazu beitragen, erodierte Tugenden und Kriterien wieder freizulegen. Ein besonnener Diskurs kann helfen, drohende Gefahren zu erkennen und vorbeugend tätig zu werden.

Dazu liefert das vorliegende Buch eine Fülle von Material. Es referiert die spektakulären Rücktritte der neueren Geschichte, sondiert aber auch die dahinterliegenden Strukturen. Allen Autoren und Organisatoren dieses Werkes ist zu danken.

GRUNDLAGEN UND HINTERGRÜNDE

»Nein, nie. Warum sollte ich?«

Lewis Hamilton

(der Formel-1-Rennfahrer zu Beginn der Saison im April 2016 auf die Frage, ob er schon mal an sein Karriereende gedacht habe; am Ende derselben Saison trat sein Konkurrent und Teamkollege Nico Rosberg als Weltmeister überraschend ab)

DAS GROSSE SCHWEIGEN
Warum das Thema Rücktritt tabuisiert wird –
und doch auf die Tagesordnung gehört

Dagmar Reim sammelt Todesanzeigen. Es ist ein Hobby, das die erste Intendantin einer *ARD*-Anstalt und langjährige Chefin des *Rundfunks Berlin Brandenburg (rbb)* durch ihre gesamte journalistische Karriere begleitet hat. Egal, ob lustige, skurrile oder auch traurige: Unzählige solcher Anzeigen hat Reim mittlerweile archiviert. »Der Lebensabschied ist dem Rücktritt ähnlich«, erzählt Reim, die sich 2016 nach über zehn Jahren an der Spitze des *rbb* freiwillig zurückzog. »Das Interessante ist, dass man die verschiedenen Typen erkennen kann.« So gebe es beispielsweise Autoanzeigen. Das sind Selbstanzeigen, die von den Verstorbenen selbst verfasst sind und nach ihrem Ableben erscheinen. »Solche Menschen wollen bis zum bitteren Ende die Kontrolle behalten«, hat Reim festgestellt, »bei anderen merkt man, was den Hinterbliebenen im Gedächtnis geblieben ist, und was ihnen wichtig ist.« Eine Todesanzeige zeigt also, was für ein Mensch, die oder der Verstorbene war oder sein wollte – und prägen damit ein Stück weit auch das Bild. Genauso wie ein Ab- oder Rücktritt – egal aus welchem Amt.

Wer mit Menschen in herausragenden öffentlichen Ämtern aus Politik, Wirtschaft, Medien oder anderen gesellschaftlichen Bereichen über Rücktritte, egal ob selbstmotiviert oder erzwungen, oder das endgültige Karriereende sprechen will, bekommt vor allem eins: Absagen. Natürlich, der Terminkalender ist immer eng, ein Zeitfenster schwer zu finden. Eine Begründung wird selten mitgeliefert. Er wolle noch ein paar Jahre im Fußballgeschäft bleiben, sagte ein ehemaliger, durchaus erfolgreicher Bundestrainer am Telefon, deswegen könne er derzeit über seinen Abschied nicht reden. Und weiter: Dafür habe man doch sicherlich Verständnis. Auch zahlreiche weitere Politiker, parteiübergreifend, egal ob Frau oder Mann und unabhängig davon, ob noch in Amt und Würden oder mittlerweile im Ruhestand, sagten ab. Genauso wie Wirtschaftsbosse, Entertainer oder Personen aus der Kirchenhierarchie. Knapp 50 Anfragen sind für dieses Projekt gestellt worden, und immerhin: 15 Interviewpartner haben – teilweise freilich erst nach mehreren Überzeugungsgesprächen – zugesagt, mitzumachen. Mitunter, um dann später, nach dem Gespräch, ihre Zusage an dem Projekt zurückzuziehen. Und letztendlich ließ sich ein solches Projekt nur so realisieren: Alle Gesprächspartner bekamen die Zusage, jederzeit wieder auszusteigen und waren teilweise nur so bereit, sich zu öffnen.

Doch diese persönliche Sicht einmal darzustellen, Einblicke in Gedankengänge rund um die Rücktrittsentscheidung zu bekommen, war die Grundidee des vorliegenden Buches. Dabei ging es weniger darum, die einzelnen Rücktrittsgründe zu bewerten, sondern vielmehr darum, die dann anstehenden Schritte zu identifizieren und darzustellen, aber auch die möglichen Folgen zu skizzieren. Letztendlich gibt dieser natürliche Entscheidungsprozess somit auch die (Buch-)Struktur vor: Neben einem allgemeinen Aufriss des Themas, einer historischen Einordnung und einem (statistischen) Überblick in den ersten Kapiteln, folgt anhand zahlreicher Beispiele eine ausführliche Darstellung der Rücktrittsprozesse in der Praxis. Und zwar nach dem Dreiklang: Entscheidung, Umsetzung und Folgen. Die Aussichten auf ein Comeback sowie eine grundsätzliche Schlussbetrachtung schließen eine Darstellung ab, die auf ein hochrelevantes gesellschaftliches Thema aufmerksam machen soll.

Denn: Eine Debatte darüber ist überfällig, meint auch Reim. Ihr genereller Eindruck: »Ich denke, dass wir als Gesellschaft das Ausscheiden und Abtreten tabuisieren. Ich habe es zumindest selten als Gesprächsthe-

16

ma erlebt.« Eine Erkenntnis, die von vielen Befragten geteilt wird: »Es findet eher punktuell statt, wenn der Verdacht einer Verfehlung bei Menschen des öffentlichen Lebens besteht«, meint Rudolf Seiters, der als Bundesinnenminister überraschend seinen Rücktritt einreichte, nachdem bei einem missglückten Polizeieinsatz der gesuchte RAF-Terrorist Wolfgang Grams und ein GSG-9-Beamter ums Leben gekommen waren. Letztendlich, das fällt auf, läuft es in Gesprächen über die Gründe für einen Rücktritt immer wieder auf drei Punkte hinaus:

17

Man **will sich nicht** damit beschäftigen, ...

... weil sich diese Frage zu Beginn einer Amtszeit gar nicht stelle. Die ehemalige Bundesjustizministerin und FDP-Politikerin Sabine Leutheusser-Schnarrenberger meint: »Wer ein solch herausgehobenes Amt übertragen bekommt, der beschäftigt sich nicht damit, dass in vier Jahren wieder Wahlen sind oder dass man das Amt verlieren könnte.« Es sei beispielsweise für einen Berufspolitiker das Höchste, einmal Minister zu werden: »Die Grundhaltung lautet dann, dass man das durchhalten und -stehen muss.« Schließlich habe man ja auch viel dafür getan: »An einen Rücktritt außerhalb des turnusgemäßen Wahlwechsels wird nicht gedacht«, so Leutheusser-Schnarrenbergers Einschätzung, »bei vielen ist der Rücktritt damit auch nicht wirklich eine Alternative.« Zumal die Zeit knapp ist: Man wolle ja in seiner Funktion viel bewegen, Dinge anstoßen. Und Zweifel? »Wie kommst du denn auf die Idee?«, heißt es dann oft, weiß auch die ehemalige *rbb*-Intendantin Reim. Es sei strukturell so, dass sich Personen in herausgehobenen öffentlichen Ämtern überproportional über diese Ämter definieren würden. Das Ergebnis: »Diese Art der Überidentifikation führt im schlimmsten Fall dazu, dass man sich für unersetzlich hält«, so Reim, »und damit den eigenen Abgang für unvorstellbar.«

Man **darf sich nicht** damit beschäftigen, ...

... zumindest nicht öffentlich, weil es »zu persönlich und zu gefährlich« ist, weiß Ex-Ministerin Leutheusser-Schnarrenberger. Der Grund: Es habe schlichtweg große Auswirkungen, denn »wenn auch nur unüberlegt in einem Hintergrundgespräch mit einem Journalisten ein Halbsatz fällt, dann ist es ein Desaster«, so Leutheusser-Schnarrenberger, »dann hat man eine Entscheidung nicht mehr in der Hand.« Gerade bei einem überraschenden, selbstbestimmten Rücktritt gehe das nicht. Sie selbst habe ihren eigenen Rücktritt daher nur in der Familie und im engsten Freundeskreis besprochen, selbst »mein Parteivorsitzender oder Generalsekretär waren keine Vertraute«. Eine Haltung, die sich bei vielen öffentlichen Personen findet: »Außer meiner Frau wusste das selbstverständlich niemand, weil es in diesen Beziehungen keine Vertraulichkeit gibt«, sagt auch der ehemalige hessische Ministerpräsident Roland Koch, der im Mai 2010 öffentlich (und auch überraschend) bekannt gab, sich zurückzuziehen. »Da gibt es die alte Theorie: Dein bester Freund hat einen besten Freund.« Dabei sei das Thema Vertraulichkeit nicht nur ein wichtiger Punkt unter Politikern: »Das gilt auch für einen Fußballspieler«, so Koch. »Wenn der wechseln will, redet der auch nicht mit den Mitspielern oder seinem Trainer darüber.« Generell, so hat es zumindest die ehemalige Intendantin Reim beobachtet, »rät einem die Klugheit, solche Gedanken nicht auf dem offenen Markt zur Schau zu stellen, weil man in diesem Moment zur ‚lame duck‘ wird.« Gerade bei Personen, die in großen Institutionen Verantwortung trügen, würde ein lautes Nachdenken über diese Frage zu Recht als Unentschlossenheit ausgelegt werden. Daher sei es gut, wenn solche zeitfordernden Entscheidungsprozesse nicht öffentlich werden: »Nach meinem Verständnis muss alles fertig sein, und dann muss es auch über die Bühne gehen.« Auch Matthias Platzeck, der einst aus gesundheitlichen Gründen als SPD-Parteivorsitzender und Jahre später, ebenfalls aus gesundheitlichen Gründen, als Ministerpräsident von Brandenburg abtrat, hat zwar bei diesen Schritten keine schlechten Erfahrungen gemacht, sagt aber: »Ich verhehle nicht, dass Schwäche zu zeigen nicht unbedingt in jeder Situation hilfreich ist.« Zwar werde es weniger vordergründig politisch ausgenutzt, so seine Erfahrung, »aber Sie haben das Getuschel, Sie haben das Hinterzimmer, die Vermutungen und Unterstellungen. Und das hilft im Alltag einfach nicht gerade viel.«

Man **sollte sich nicht** damit beschäftigen, …

… weil es innerlich Kräfte binde. »Ich würde nicht dazu raten, es zu tun«, sagt jedenfalls der FDP-Parteivorsitzende Christian Lindner. Als Generalsekretär seiner Partei trat er im Dezember 2011 aufgrund inhaltlicher Differenzen aus freien Stücken zurück, um dann – nach dem erstmalig verpassten Einzug seiner Partei in den Deutschen Bundestag – das Comeback der FDP zu organisieren. Seine Haltung: »Ich befinde mich von innen und von außen in einem Wettbewerb, indem ich mich mental nicht dadurch schwächen darf, dass ich fortwährend über Niederlagen und das Ende nachdenke«, so Lindner. Und das schließe eben einen Rücktritt oder in seinem Fall das Scheitern mit ein: »Welcher Fußballtrainer sagt seiner Mannschaft, dass sie ja im Viertelfinale auch ausscheiden könnte? Das wird dann schnell zu einer ‚self-fulfilling prophecy‘. Man muss die Mannschaft ja aufbauen.« Gerade in einer Lebensphase, in der er weiterhin um politische Inhalte und Mehrheiten kämpft, ist Lindner überzeugt, wäre das sehr kontraproduktiv. Und auch Ex-Ministerpräsident Koch stimmt zu: Er habe für sich einst erkannt, dass er – einen Wahlerfolg vorausgesetzt – in der kommenden Legislaturperiode über einen Rücktritt nachdenken werde. Aber: »Nicht verbindlich und abschließend«, so Koch, »das darf man innerlich nicht, weil man dann anders wird, in dem Amt aber die Spannung nicht verlieren darf.«

Dabei ist klar: Man **muss sich damit** beschäftigen, …

… weil die Frage schlichtweg in jeder Konstellation und in jedem Amt auftreten kann. »So ist es«, so Reim. Sie selbst sei immer wieder überrascht, wie unvorbereitet mitunter einzelne Personen in herausragenden Ämtern seien. »Darauf habe ich keine wirkliche Antwort, außer dass Weihnachten immer so überraschend kommt«, merkt sie ironisch an. Doch, so die Meinung vieler, es tut sich was. Marcel Reif, jahrzehntelang Fußballkommentator bei öffentlich-rechtlichen sowie privaten TV-Sendern und selbst eine Figur des öffentlichen Interesses, glaubt zu erkennen, dass sich sogar das schnelllebige, wenig einfühlsame Fußballgeschäft verändert habe: »Es gibt ja diese sogenannte ‚Lame Duck‘-Diskussion«, so Reif, »aber ich glaube, dass das in einem mittlerweile so hochprofessionalisierten Umfeld wie dem Fußball nicht mehr so dramatisch ist wie früher.«

Innerhalb der Politik wird in Netzwerken, in denen man sich gut kennt, mittlerweile doch über die Möglichkeit eines Rücktritts gesprochen. Zumindest der einstige hessische Ministerpräsident Koch bestätigt, sich mit ebenfalls zurückgetretenen führenden CDU-Politikern ausgetauscht zu haben: »Natürlich reden wir miteinander«, so Koch, der in einer Generation von CDU-Politikern wie Christian Wulff, Ole von Beust, Peter Müller oder auch Roland Pofalla, die sich alle gut kennen, als Vorreiter galt: »Ich bin als Erster ins Amt gekommen und als Erster auch wieder gegangen.« Zwar habe man nicht darüber geredet, bevor die Entscheidungen konkret waren, das sei von keiner Seite aus gewünscht gewesen, aber »wenn es auf dem Weg war, dann kam es schon zu Gesprächen«. Ihn hätten einstige Mitstreiter gefragt, wie er das gemacht, welche Überlegungen er davor angestellt habe, welche Risiken es gebe: »Ich denke, das ist ein positiver Trend in der CDU-Führungsriege gewesen«, sagt Koch heute. So seien viele berufliche Wechsel in die Wirtschaft ermöglicht und der Gesellschaft damit ein Dienst erwiesen worden. Aber: »Sich selbst auch. Denn das macht man nicht aus Altruismus.« Solche Gespräche, solchen Austausch würde sich auch der ehemalige rheinland-pfälzische Ministerpräsident und SPD-Bundesvorsitzende Kurt Beck wünschen: »Es wäre spannend, sich in Gesprächen, Diskussionen und Betrachtungen damit auseinanderzusetzen, wie so ein Prozess gereift ist«, so Beck, »um eben Menschen darauf vorzubereiten und Tipps zu geben, dass alles ein Ende hat und nur die Wurst halt zwei.« Auch die einstige *rbb*-Intendantin Reim hält eine offene Diskussion für notwendig – und unterstreicht dies mit einer kleinen Anekdote um den einstigen Medienmogul Joseph von Ferenczy. Dieser wurde kurz vor seinem 80. Geburtstag von einem Reporter gefragt, ob er bald aufhöre. Nein, ich höre nie auf, erwiderte er, und wenn ich einmal sterben sollte, kann man mir Telefon- und Faxleitung auf den Friedhof legen. Für Reim steht fest: »Aufhören ist nicht trivial.« Und daher ein lohnendes Thema.

»Rücktritt, der. Substantiv, maskulin – das Zurück-
treten, Niederlegen eines Amtes (besonders von Mit-
gliedern einer Regierung).«

(Definition des Begriffs »Rücktritt« laut Duden)

RÜCKTRITT, ABGANG, RÜCKZUG, KARRIEREENDE
Begriff und Wissensstand

Die Zahl der Synonyme ist groß: »Abdankung, Amtsabtretung, Amtsauf-
gabe, Amtsniederlegung, Amtsverzicht«, listet der *Duden* auf. Und weiter: »Ausscheiden, Austritt, Demission, Kündigung; (veraltet) Abdikation,
Abschied.« Doch die Bedeutung ist stets gleich: Schluss, würde man um-
gangssprachlich sagen. Ende. Auch im bürgerlichen Recht ist die Sache
relativ klar geregelt: Der Rücktritt ermöglicht einer Person, Rechtsfolgen
rückgängig zu machen, zum Beispiel Verpflichtungen aus einem Vertrag.
Zu welchen Bedingungen dies geschehen kann, wird ebenso genau be-
nannt. Und im praktischen Leben, erst recht bei öffentlichen Ämtern wie
in der Politik? Da sieht es mitunter anders aus. Die Konsequenz ist zwar
ähnlich, doch der Weg dahin, die Umstände und Zusammenhänge sowie
die Gründe und die Art des Abgangs sind oft unterschiedlich – und gerade daher interessant: »In den Debatten und Kommentaren über Rücktritte findet eine Verständigung über Normen und Werte statt«, schreibt
beispielsweise Michael Philipp, Autor des wohl umfangreichsten deutschsprachigen Buches (»Persönlich habe ich mir nichts vorzuwerfen. Politische Rücktritte in Deutschland von 1950 bis heute«) zu einem bislang
wenig erforschten Thema. Und weiter: »Deshalb sind sie ein Indikator
über den Zustand der Moral und des Miteinanders in Politik und Gesell-

schaft.« Für sein Werk hat Philipp 250 unterschiedlichste Rücktrittsfälle analysiert und dabei eine Typologie der Rücktrittsgründe entwickelt:

Rücktrittsgrund	Szenarien
Biografische Entwicklung	Wechsel in ein anderes Amt / eine andere Funktion aufgrund eines Angebots; Amtsmüdigkeit; Altersgründe
Politische Entwicklung	Verlorene Unterstützung durch die Partei; Konflikte mit dem Regierungschef oder mit der Fraktion; gewandelte inhaltliche Konzepte; Auseinandersetzung in einer Koalition
Protest	Amtsniederlegung als symbolische Geste gegen die Verfahrenheit einer Situation, die Bedrohlichkeit einer Entwicklung oder die Unzumutbarkeit einer Entscheidung
Verantwortung	Bekenntnis zur politischen Verantwortung ohne persönliches Fehlverhalten; externer Zwang zur Übernahme von politischer Verantwortung durch Medien, Opposition oder die eigene Partei; Bekenntnis des Regierungschefs zur politischen Verantwortung mit Konsequenzen für den Minister
Politisches Vorleben	Verfehlungen im vorpolitischen Leben (auch im NS-Staat und der DDR)
Persönliche Verfehlung	Privates Verschulden; Fehlverhalten; Entgleisungen oder Dummheiten, die einen gravierenden Verstoß gegen Sitte und Anstand darstellen und somit die Eignung der Person für ein politisches Amt infrage stellen
Politische Verfehlung	Verstoß gegen Grundsätze oder Vorschriften einer ordentlichen Geschäftsführung, entweder durch Untätigkeit oder falsche Handlungen
Geldgeschichten	Annahme von Gefälligkeiten und Vergünstigungen; Einkommenszuwächse durch gesetzliche Regelungen, deren Legitimität nicht zweifelsfrei ist; Nebeneinkünfte

Tab. 1: Typologie der Rücktrittsgründe nach Michael Philipp

Zudem beschäftigt Philipp sich mit dem »Rücktritt als Waffe«, also mit Forderungen nach oder der Drohung mit einem Rücktritt sowie mit verweigerten Demissionen und Entlassungen. Sein grundsätzliches Fazit ist ein Plädoyer für eine neue Kultur der politischen Beziehungen: »Rücktritte hätten dann nicht mehr den sensationellen Ausnahmecharakter. Sie würden zu einem akzeptierten Reaktionsmuster, wären eine reguläre Handlungsoption. Diese könnte so selbstverständlich wie respektiert sein. Die Kultur des Rücktritts würde dem einzelnen Politiker nutzen, aber sie würde auch der politischen Kultur im Allgemeinen dienen.«

23

Auch Frank Überall, mittlerweile Vorsitzender der Gewerkschaft *Deutscher Journalisten-Verband (DJV)*, und der langjährige NRW-Korrespondent der *tageszeitung (taz)* Pascal Beucker haben sich in ihrem Buch »Endstation Rücktritt. Warum deutsche Politiker einpacken« mit der Schlussphase im Amt beschäftigt. Ihre Haupterkenntnis: Fällt die Rückendeckung der Parteifreunde, so ist der Abgang meist unumgänglich. Zu weiten Teilen eine »Affären-Chronik« zu sein, attestiert der Politikwissenschaftler Jörn Fischer von der Universität zu Köln, der sich selbst mit dem Thema beschäftigt hat, dagegen diesem Werk. Fischers eigener Forschungsschwerpunkt liegt auf erzwungenen Rücktritten, sogenannten Push-Rücktritten. Er hat sich zudem in seiner Diplomarbeit (»Ministerrücktritte in der Bundesrepublik Deutschland 1983 bis 2002. Eine quantitative Analyse«) sowie seiner Dissertation (»Deutsche Bundesminister: Wege ins Amt und wieder hinaus. Selektions- und Deselektionsmechanismen im Bundeskabinett unter besonderer Berücksichtigung von Push-Rücktritten«) des Themas angenommen – und kommt zu dem Schluss: »Je größer der Bezug einer Rücktrittsdiskussion zur Ministerverantwortlichkeit, desto geringer ist die empirische Rücktrittswahrscheinlichkeit. Vielmehr sind es politische Kosten-Nutzen-Kalküle der den Minister politisch tragenden Akteure, die zu einem Rücktritt führen. Verspricht der Amtsverzicht einen höheren Nutzen für die Partei des Ministers bzw. für den Bundeskanzler als der Verbleib im Status Quo, so ist das Schicksal des Ministers in aller Regel besiegelt. Entscheidender Faktor in dieser Kosten-Nutzen-Rechnung ist dabei die Haltung der Wählerschaft als ‚ultimativer‘ Prinzipal.«

Eine Art Streitschrift hat dagegen Regina Maria Jankowitsch verfasst, die als Politikcoach in Österreich arbeitet. »Tretet zurück! Das Ende der Aussitzer und Sesselkleber« ist ein Plädoyer für einen raschen, selbstbestimmten Rücktritt: »Nicht selten endet eine Politikerkarriere unrühmlich. Viel zu lange haben zu diesem Zeitpunkt die Öffentlichkeit, die Opposition und im schlimmsten Fall die eigenen Parteikollegen schon den Rücktritt gefordert«, heißt es da. Es gelte, so Jankowitsch, die somit ähnlich wie Philipp argumentiert, »unsere Rücktrittskultur nachhaltig zu verbessern«. Dieses Ziel im Blick, hat sie mit sechs (vor allem österreichischen) Politikerinnen und Politikern gesprochen und dabei auch eine Anleitung zum »professionellen Rücktritt« verfasst. Dazu gehören – so Jankowitschs Erkenntnis – Freiwilligkeit, Rechtzeitigkeit, Kommunikation. Letztendlich ist so eine interessante Bestandsaufnahme mit Einblicken von einigen Betroffenen entstanden. Doch eine Aufarbeitung, gerade auch aus deutscher Sicht, steht noch aus – und soll daher nun folgen.

»Ich habe für alles Vorsorge getroffen im Laufe meines Lebens, nur nicht für den Tod, und jetzt muss ich völlig unvorbereitet sterben.«

Cesare Borgia
(italienischer Renaissancefürst, Feldherr und Erzbischof, der von 1475 bis 1507 lebte und auch berühmt wurde, weil er Niccolò Machiavelli als Vorbild für dessen Buch *Il Principe – Der Fürst* diente)

»DAMIT BESCHÄFTIGT MAN SICH NICHT SO GERNE«
Über die psychologische Seite des Abtritts

Wahlabend. Grelles Scheinwerferlicht, eine erwartungsvolle Öffentlichkeit – und eine bittere Niederlage. Es gibt wenige gesellschaftliche Bereiche, in denen Entscheidungen und deren Konsequenzen so schnell, so öffentlich und daher unter so großem Druck gefällt werden müssen. Denn regelmäßig stellt sich im genannten Fall die Frage: Rücktritt?

Es sei eine Mischung aus Leugnen, Umdeuten und Austeilen, die der Psychologin Andrea Abele-Brehm in diesem Metier häufig begegnet ist. Die heutige Präsidentin der *Deutschen Gesellschaft für Psychologie* und Professorin an der Friedrich-Alexander-Universität Erlangen-Nürnberg untersuchte vor nunmehr knapp 30 Jahren, wie Politiker auf Wahlniederlagen reagierten. Das Ergebnis? Verantwortlich, so die 66-Jährige, seien nach Meinung der Wahlverlierer zumeist das schlechte Wetter, die begriffsstutzigen Wähler oder eben unvorhergesehene Ereignisse gewesen. Dahinter stand stets der Versuch, Niederlagen nicht zuzugeben, sondern sie unabhängig vom Ergebnis in Siege umzudeuten. Allerdings habe sich dies allmählich verändert: »Die Leute sind wesentlich differenzierter geworden«, konnte Abele-Brehm in den letzten Jahren feststellen, »es gehört immer mehr zum guten Ton, dass man auch mal zugibt: Ja, wir haben unser Wahlziel nicht erreicht. Ja, wir haben verloren. Ja, wir müssen daraus Konsequenzen ziehen.« Die Selbstdarstellung der Politiker habe sich geändert. Und gerade in solchen Augenblicken wie am Wahlabend sei es naheliegend, dass es auch einmal zu einem Rücktritt kommen kann – oder gar kommen muss. Wahlen bedeuten zumeist Anfang, aber auch Ende von Amtszeiten. Doch ob durch äußere Ereignisse erzwungen oder aus innerer Motivation in die Wege geleitet – zu jedem Rücktritt gehört auch die eigene Erkenntnis. Ein Interview über die psychologische Seite des Abtretens.

Frau Professorin Abele-Brehm, einst stellten Sie fest, dass Politiker Wahlniederlagen gerne in Wahlsiege umdeuten – unabhängig vom Ergebnis und von den Gründen. Doch das hat sich nach ihrer Beobachtung verändert. Inwiefern?

»Das hängt sicherlich von mehreren Faktoren ab: Die Medien fragen kritischer nach, das Publikum ist sensibler geworden, wenn es Versuche gibt, die Wahrheit zu verdrehen, und letztendlich ist der gesellschaftliche Umgang mit Gewinnern und Verlierern auch offener geworden. Das gilt natürlich wiederum nur für bestimmte Parteien, und es gilt auch nur für bestimmte Politiker. Ich meine, wenn wir jetzt die Erfolge der AfD anschauen, da ist es schon wieder ganz anders. Aber wenn Sie die etablierten Parteien betrachten, dann habe ich das Gefühl, dass die Wähler mündiger geworden sind in dem Sinne, dass sie auch eher erkennen: Da spielt uns jemand was vor und das gefällt uns nicht. Und wir wollen doch eher jemanden haben, der zumindest ein Stück weit authentisch ist. Ich glaube, die einst so große Beliebtheit von Angela Merkel ist teilweise darauf zurückzuführen, dass sie eben auch authentisch rüberkommt.«

Trotz aller Entwicklungen bleibt der Eindruck, dass das Ausscheiden aus einem Amt und die Überlegungen zum Ende der eigenen Karriere weiterhin tabuisiert werden.

»Ja, diese Einschätzung teile ich. Letztendlich spielt es wohl bei jeder Person eine Rolle, dass man sich nicht so gerne das Ende vorstellt. Seinen Höhepunkt stellt man sich gerne vor, das Streben bis dahin. Das gilt ja für jede Berufskarriere in gleicher Weise. Aber sich vor Augen zu führen: Irgendwann ist mal Schluss, ich werde jetzt pensioniert oder ich muss abtreten, aus welchen Gründen auch immer, das bedeutet ein Stück weit Verzicht, ein Stück weit Trauer. Und damit beschäftigt man sich nicht so gerne.«

Letztendlich ist vieles transparenter und professioneller geworden, wie ja auch ihre Studie und ihre Beobachtungen zur Erklärungen von Wahlniederlagen zeigen. Warum gilt dies nicht für den Rücktritt oder das Karriereende?

»Das ist völlig richtig. Nur: Der Anfang wird sehr viel sorgfältiger geplant und auch sehr viel sorgfältiger inszeniert als beispielsweise das Ende. Das Ende lässt sich häufig ja nicht vorhersehen. Gerade bei Politikern ist es oft so, dass es relativ abrupt kommt und sie sich nicht richtig darauf vorbereiten, manchmal auch nicht vorbereiten können. Andererseits hat das Ende auch immer etwas mit Verzicht zu tun hat. Da sind wir dann eher geneigt, es von uns wegzuschieben – was letztendlich eine sehr menschliche Eigenschaft ist. Und der Fall, dass man das Ende wirklich inszeniert, wäre nur insofern wichtig, falls man die Absicht hat, in irgendeiner Form mal wiederzukommen. Wenn dem nicht so ist, dann ist es ja eigentlich nur für einen selber wichtig. Also in der Form, dass man das Ende irgendwie würdevoll gestaltet, sodass man was davon mitnimmt. Beispielsweise mit Zuversicht in den nächsten Lebensabschnitt blickt. Also es kommt immer auch so ein bisschen darauf an, ob das Ende nochmal eine Bedeutung über die eigene Person hinaus hat oder nicht.«

Bei vielen Politikerinnen und Politikern trifft das ja zu. Ihnen geht es ja häufig um ihre Rolle in den Geschichtsbüchern. Wenn man sich beispielsweise das politische Leben des ehemaligen britischen Premierministers David Cameron anschaut, dann hat er seine Partei geeint, hat eine historische Koalition gebildet und es geschafft, die Tories wieder zur absoluten Mehrheit zu führen, und war somit auch jahrelang Premierminister. Aber am Ende bleibt sein Rücktritt infolge seiner Niederlage in der Abstimmung über den »Brexit« – und überdeckt alles.

28 »Das ist ein gutes Beispiel. Und natürlich haben Sie recht, dieser Schritt wird auf ewig mit der Person von Herrn Cameron verbunden sein. Er hat wohl nicht damit gerechnet, dass das Referendum so ausgeht. Aber ich glaube nicht – und das sieht man ja jetzt auch –, dass er wirklich einen Plan B hatte. Und das ist, wenn man es unter psychologischer Perspektive betrachtet, auf der einen Seite ein bisschen naiv, auf der anderen aber durchaus verständlich. Jemand, der verdienstvoll ist, der eine wichtige Position innehat, der vielleicht auch seine Macht liebt, ist mitunter geneigt, sich nicht mit solchen unerwünschten Szenarien zu beschäftigten.«

Woran liegt das?

»Wir kennen ja alle das positive Denken. Man ist in seinem eigenen Kosmos gefangen, sieht die Dinge mitunter durch eine rosa Brille. Das ist auch bis zu einem gewissen Grad hilfreich, birgt allerdings die Gefahr, dass man Entwicklungen, seien es Hinweise oder auch mögliche Gefahrenpunkte für eine Karriere, nicht mehr wahrnimmt oder falsch bewertet. Das ließ sich beispielsweise auch bis zum Schluss bei der Affäre um den ehemaligen Ministerpräsidenten Schleswig-Holsteins Uwe Barschel beobachten, der ja auch der Meinung war: Da ist nichts gewesen.«

Ist das Ausblenden, gerade wenn Fehler gemacht wurden, die vielleicht einen Rücktrittsgrund darstellen, ein menschlicher Automatismus?

»Die positive Sicht, von der ich eben gesprochen habe, ist ohnehin ein menschliches Merkmal. Menschen, die das nicht haben, neigen zu Depressionen. Aber gerade bei Spitzenpositionen, sei es in der Politik oder in anderen gesellschaftlichen Bereichen, ragt das weit in die Persönlichkeit ein. Es ist zwar strittig oder eine klassische ‚Huhn oder

Ei'-Frage: Was war zuerst da? Bildet sich ein solcher Persönlichkeitszug erst im Amt heraus oder wird die Auswahl vorher getroffen? Machen also vor allem Menschen Karriere, die eine solche Ausprägung haben? Klar ist: Es gibt dieses Phänomen. Das stellen wir in psychologischen Untersuchungen auch fest, dass Menschen in Spitzenpositionen bei der emotionalen Stabilität einen höheren Wert erreichen und einen niedrigeren Wert bei der Verträglichkeit, sprich bei der Frage: Wie viel bedeuten einem persönliche Bindungen etc.?

29

Wie lautet Ihr Rat als Psychologin an diese Personengruppe?

»Ich glaube, dass es sehr sinnvoll wäre, sich mit dem Ende zu beschäftigen. Nicht ständig, aber man sollte sich immer wieder einmal die Frage stellen: Was wäre, wenn ich jetzt zurücktreten möchte oder müsste? Sprich: Man sollte einen Plan B im Kopf haben und sich ein entsprechendes Vorgehen zurechtlegen. Das hätte nämlich auch positive Effekte. Es führt zu dem Gefühl, unabhängig zu sein, und damit zu einer gewissen Gelassenheit. Und letztendlich schwingt ja die Frage nach dem Ende immer mit. Das ist fast schon philosophisch und reicht in den Bereich der Lebensforschung unter der Altersperspektive hinein. Es gilt ja als erwiesen, dass es zwar nicht sinnvoll ist, sich ständig mit dem eigenen Tod zu beschäftigten, man sollte sich aber stets der eigenen Endlichkeit bewusst sein – egal in welchem Stadium oder in welchem Amt man sich befindet.«

Es gibt Stimmen, die sagen, dass bei öffentlichen Ämtern eine Amtszeitbeschränkung einen positiven Effekt hätte, weil die Amtsinhaber über einen möglichen Rücktritt oder ein Karriereende nicht mehr selbst entscheiden müssten.

»Das stimmt. Der Vorteil von Amtszeitbeschränkungen wäre, dass diese »Was wäre, wenn?«-Frage wegfallen würde. Bei einem vorgegebenen Zeitpunkt für das Ausscheiden aus einem Amt oder einer Position kann man selbst viel besser planen: Was kann, was will ich noch machen? Was mache ich hinterher? Wenn das Ende planbar ist, hat man Zeit, sich darauf vorzubereiten. Wenn es aber plötzlich und überraschend kommt, dann verschwimmen all diese Ebenen; hinzu kommt auch noch die Organisation des Rücktritts und so weiter. Insofern ist es schon ein Vorteil, wenn man es planen kann. Man hat es ja bei den US-amerikanischen Präsidenten, zuletzt beispielsweise bei Barack Obama gesehen, wie klar und entspannt er in dieser Frage war. Allerdings merke ich auch – beispielsweise bei Professorenkollegen, die sich ja auf die Pensionierung mit dem Überschreiten eines bestimmten Alters einstellen können –, dass ein solches klares, feststehendes Ende nicht immer hilft. Denn eine weitere Facette ist, dass bei vielen Menschen der Beruf der Lebensinhalt ist. Manche definieren sich ausschließlich über den Beruf, und das fällt dann einfach weg.«

Lassen sich dabei Unterschiede feststellen, beispielsweise bei Geschlechtern oder in unterschiedlichen Bereichen?

»Es gibt ältere Studien, die sich damit beschäftigen, wie Männer und Frauen mit der Pensionierung umgehen. Sie zeigen, dass es Frauen deutlich leichter fällt, loszulassen. Das liegt wohl daran, dass sie sich in der Regel ein weiteres Standbein erhalten haben. Dem widerspricht allerdings eine holländische Studie, nach der sich berufstätige Frauen sogar etwas schwerer tun als die Männer. Letztendlich ist die Befundlage hier etwas unklarer.«

»Frau Dr. Merkel, wie wird man ein solches Amt,
um das Sie sich jetzt erneut bewerben, eigentlich los,
ohne dass man als totales Wrack endet?«

Dieter Wonka
(Chefkorrespondent des *RedaktionsNetzwerks Deutsch-*
land am 20. November 2016 auf der Pressekonferenz,
als Bundeskanzlerin Angela Merkel, CDU, ihre vierte
Kanzlerkandidatur bekanntgab)

AUFSTEIGEN IST EINFACHER ALS AUFHÖREN
Statistiken über (politische) Rücktritte in Deutschland

Es waren die anschließenden Fragen, die das Dilemma verdeutlichten:
»Frau Merkel, Sie haben gesagt, Sie treten für vier Jahre an«, erhob die
Journalistin Daniela Vates das Wort. Kurz zuvor war Bundeskanzlerin
Angela Merkel an einem Sonntagabend Ende November 2016 vor die
Presse getreten und hatte bestätigt, was viele ohnehin vermutet hatten:
Sie kandidiere für eine vierte Amtszeit. Das führte zu Fragen wie jener der
Journalistin Vates: »Wenn Sie die Wahl gewinnen, dann stehen Sie ja am
Ende der nächsten Legislaturperiode wieder vor demselben, ich sag mal:
Problem wie jetzt. Sie werden auch dann die meiste Erfahrung haben,
die CDU wird sagen: Wir sollten nicht auf den Amtsbonus verzichten
beim nächsten Wahlkampf. Wie kommen Sie aus dieser Spirale eigentlich raus?« Merkel muss geahnt haben, dass solche Fragen kommen. »Das
muss ich heute echt nicht beantworten«, so die Kanzlerin, »sonst sind wir
heute ja direkt bei 2025. Stellen Sie sich das mal vor.« Eine richtige Antwort ist das nicht, das weiß auch die Bundeskanzlerin – und streut daher
einen Witz ein: »Man weiß ja auch nicht, ob Sie dann noch dabei sind.«
Gelächter und Applaus, Ablenkungsmanöver gelungen.

Merkel werde die erste Person sein, die aus eigenem Antrieb den
Kanzlerposten verlassen werde, so waren sich in den letzten Jahren ihre

vielen Anhängerinnen und Anhänger ziemlich sicher. Auch gab es viele professionelle Stimmen, die glaubten, dass Merkel nicht erneut kandiere. Sie habe am Kabinettstisch miterlebt, wie Helmut Kohl in seiner vierten Amtszeit zerrieben wurde, so das stärkste Argument. Und doch kam es anders: Ob wirklich innerliche Überzeugung der Grund war oder eher externe Ereignisse wie beispielsweise die Wahl Donald Trumps zum US-Präsidenten, der »Brexit« in Großbritannien oder der angekündigte Rückzug von Joachim Gauck als Bundespräsident, mit dem in schwierigen Zeiten in Deutschland ein Wechsel an der Spitze anstand – die wahren Gründe blieben auch nach der Pressekonferenz im November 2016 und dem wenige Wochen später folgenden CDU-Parteitag offen. Doch Fakt ist: »Der politische Aufstieg fällt den Mächtigen leichter als das Aufhören«, resümierte die *Frankfurter Allgemeine Zeitung*. Ein selbstbestimmter Abschied sei schwierig, vor allem wohl im Amt des Bundeskanzlers, so das Fazit der Zeitung: »Keinem der Vorgänger Merkels ist das gelungen.«

Amtszeit	Name	Partei	Rückzugsgrund
1949–1963	Konrad Adenauer	CDU	(Angekündigter) Rücktritt
1963–1966	Ludwig Erhard	CDU	Rücktritt wegen Rückzug der FDP-Minister
1966–1969	Kurt Georg Kiesinger	CDU	(Knapp) abgewählt
1969–1974	Willy Brandt	SPD	Rücktritt wegen Guillaume-Affäre
1974–1982	Helmut Schmidt	SPD	durch konstruktives Misstrauensvotum gestürzt
1982–1998	Helmut Kohl	CDU	Abgewählt
1998–2005	Gerhard Schröder	SPD	Abgewählt
seit 2005	Angela Merkel	CDU	Noch im Amt

Tab. 2: Aufstellung der deutschen Bundeskanzler und der Rückzugsgründe

Zusammengefasst zeigt sich, dass die sieben ehemaligen Amtsinhaber entweder durch Niederlagen bei Bundestagswahlen aus dem Amt schieden, durch ein konstruktives Misstrauensvotum abgewählt wurden oder selbst zurücktraten – Letzteres allerdings nie freiwillig.

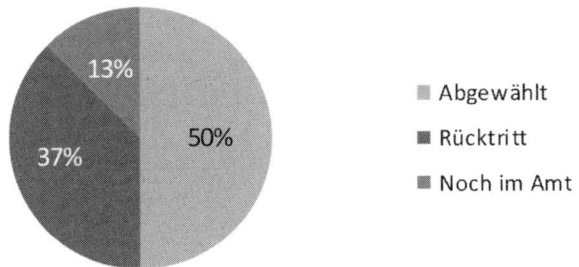

Abb. 1: Wie scheiden Bundeskanzler in Deutschland aus dem Amt?

Es ist – nicht zuletzt aufgrund der nicht einfachen Kategorisierung sowie der häufig nicht völlig transparenten Umstände – sehr schwer, eine Statistik über Rücktritte und deren Ursachen zu erstellen. Das gilt vor allem für herausgehobene Funktionen in der Wirtschaft (beispielsweise in den *DAX*-Unternehmen) sowie bei Organisationen wie Stiftungen und Vereinen. Im politischen Raum, in dem wie vielleicht in keinem anderen Bereich die Faktoren Öffentlichkeit, Verantwortung gegenüber der Gesellschaft sowie verschiedene Regelungen (z. B. Amtszeitbeschränkungen) und Interessensebenen (z. B. Parteien, Bund-Länder-Interessen, Medien) miteinander kollidieren, lässt sich hingegen benennen, unter welchen Umständen ein Amt verlassen wird. Dies gilt zumindest für die herausragenden politischen Funktionen dieses Landes: Bundespräsident/-in, Bundeskanzler/-in, Bundesminister/-in.

Im Fall des Staatsoberhauptes gab es zwei Bundespräsidenten, die ihre beiden Amtszeiten voll ausschöpften und danach aufgrund der rechtlichen Grundlage nicht mehr antreten konnten. Die übrigen neun Rückzüge lassen sich ebenfalls kategorisieren: Während sich drei Bundespräsidenten aus Gesundheits- und Altersgründen nach einer Amtszeit mehr oder weniger freiwillig zurückzogen, traten drei weitere aufgrund veränderter Mehrheitsverhältnisse (und damit einer ungesicherten Wiederwahl) nicht mehr an. In drei Fällen kam es zu einem vorzeitigen Rücktritt. Während der Sachverhalt bei den Präsidenten Horst Köhler und Christian Wulff recht klar war, gab es für den ersten Rücktritt im Amt eine offizielle und eine inoffizielle Begründung. So kündigte Lübke am 14. Oktober 1968 seinen Amtsverzicht zum 30. Juni 1969 mit dem Argument an, das Amt aus dem bevorstehenden Bundestagswahlkampf heraushalten zu wollen. Damit konnte die Wahl eines Nachfolgers zweieinhalb Monate früher als turnusmäßig vorgesehen bereits im März 1969 stattfinden. Laut der Zeitung *Die Welt* waren jedoch eine »ehrverletzende Kampagne« in den Medien, in der Lübke fälschlicherweise als »KZ-Baumeister« dargestellt worden sei, sowie zunehmende gesundheitliche Defizite die tatsächlichen Gründe für diesen Rücktritt.

Dauer	Amtszeiten	Name	Partei	Rückzugsgrund
1949–1959	2	Theodor Heuss	FDP	Amtszeit ausgeschöpft
1959–1969	2	Heinrich Lübke	CDU	Vorzeitiger Rücktritt, Amtszeit (fast) ausgeschöpft
1969–1974	1	Gustav Heinemann	CDU	Verzicht aus Gesundheits- und Altersgründen
1974–1979	1	Walter Scheel	FDP	Rückzug wegen veränderter Mehrheiten
1979–1984	1	Karl Carstens	CDU	Verzicht aus Altersgründen
1984–1994	2	Richard von Weizsäcker	CDU	Amtszeit ausgeschöpft
1994–1999	1	Roman Herzog	CDU	Rückzug wegen veränderter Mehrheiten
1999–2004	1	Johannes Rau	SPD	Rückzug wegen veränderter Mehrheiten (auch wenn anders begründet)
2004–2010	1	Horst Köhler	CDU	Vorzeitiger Rücktritt
2010–2012	1	Christian Wulff	CDU	Vorzeitiger Rücktritt
2012–2017	1	Joachim Gauck	parteilos	Verzicht aus Gesundheits- und Altersgründen

Tab. 3: Aufstellung der Bundespräsidenten und ihr Rückzugsgrund

Wer sich die Liste der Bundesministerinnen und Bundesminister in den vergangenen knapp 70 Jahren von 1949 bis 2016 anschaut, der stellt fest, dass es knapp 300 Positionswechsel gegeben hat – aus den unterschiedlichsten Gründen. Neben dem klassischen Wechsel aufgrund einer neuen Bundesregierung (als Resultat einer Bundestagwahl oder einer Änderung

der Regierungskoalition) gab es Umbildungen im Kabinett, so beispielsweise in den Jahren 1962, 1978 und 1989 (mit dem Wechsel der Zuständigkeit oder dem Ausscheiden aus der Bundesregierung), und eben
Rücktritte. Letztere erfolgten mitunter als Sammelrückzüge wie etwa am
19. November 1962, als im Zuge der Strauß-Affäre alle FDP-Bundesminis-   35
ter von ihren Ämtern zurücktraten, oder aber einzelne Regierungsmitglie-
der unternahmen diesen Schritt. Die Gründe waren vielfältig. Darunter
finden sich Skandale, in deren Folge Minister aus persönlicher, aber auch
politischer Verantwortung zurücktraten. Manchmal erfolgte der Rückzug, weil es eine neue Funktion gab, so bei Heinrich Lübke oder auch
Frank-Walter Steinmeier, die jeweils zum Bundespräsidenten gewählt
wurden, oder das eigene Haus wurde aufgelöst, wie Wolfgang Bötsch und
dem Ministerium für Post und Telekommunikation im Jahr 1997. Mal
waren es gesundheitliche Gründe wie bei CSU-Mann Ignaz Kiechle, der
nach zehn Jahren von 1983 bis 1993 als Bundesminister für Ernährung,
Landwirtschaft und Forsten aus der Regierung ausschied. Im Fall von
Hermann Lindrath (von 1957 bis 1960 Bundesminister für den wirtschaft-
lichen Besitz des Bundes), Robert Tillmanns (von 1953 bis 1955 Bundesminister für besondere Aufgaben) und Eberhard Wildermuth (von 1949
bis 1952 Bundesminister für Wohnungsbau) verstarben die Amtsinhaber.

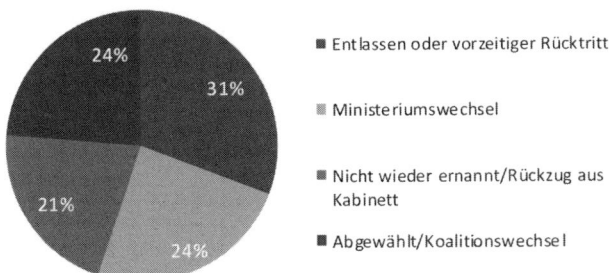

Abb. 2: Wie scheiden Bundesminister in Deutschland aus dem Amt?

Die Statistik zeigt somit eine fast ausgeglichene Verteilung bei der Art
und Weise, wie Bundesminister in den letzten Jahrzehnten ihre jeweiligen
Häuser verlassen haben. Die Entlassung oder der (vorzeitige) Rücktritt
waren dabei allerdings die häufigste Variante.

»Die Einsicht in manche Notwendigkeit der Politik wur-
de durch den Schock meines Rücktritts gefördert.«

Willy Brandt

(SPD-Bundeskanzler von 1969 bis 1974, der wegen der sogenannten Guillaume-Affäre zurücktrat)

VERBLASSTER ZAUBER?
Macht, Moral und Allzumenschliches –
Abschiede von Ämtern vor der Zeit

Eine geschichtliche Einordnung von Prof. Dr. Volker Kronenberg

Rücktritt, Demission, Verzicht, Abgang – die semantischen Umschreibun-
gen variieren, der Sachverhalt ist stets der gleiche: das Ende einer Amtszeit, selbst und vorzeitig initiiert, freiwillig oder auch nicht. Es klingt, egal
wie begrifflich ummantelt, nach Niederlage – ob berechtigt oder nicht.
Denn manche Rücktritte sind tatsächlich alles andere als eine Niederlage,
markieren vielmehr den Aufbruch zu Neuem, Höherem oder bilden den
selbstgewählten Abschluss eines Weges aus biografischen Gründen, der
viel eher als ehren- denn als schmachvoll gelten kann. Zwar ist es der Anfang, dem bekanntlich ein Zauber innewohnt, nicht das Ende. Und doch
findet jeder Anfang, jeder Aufstieg – und sei er noch so eindrucksvoll,
kometenhaft, faszinierend – ein Ende. Wer antritt, wird abtreten, es ist
nur eine Frage der Zeit. Wer Macht hat, wird sie verlieren – irgendwann.
Zumal, wenn es sich um ein öffentliches Amt handelt. Denn staatliche
Macht und Verantwortung verbinden sich in modernen Demokratien
mit dem Bekleiden eines öffentlichen Amtes – auf Zeit. Ausnahmen, etwa
bei der Richterwahl zum Supreme Court der USA, bestätigen diese Regel.

Kaiser, Kirche, Kanzler

Was heute eine Ausnahme darstellt, war in langen Phasen der Geschichte der Politik die Regel: Die personale Herrschaft der Kaiser und Könige – häufig transzendent legitimiert – endete erst mit dem Tod. So bis heute auch in der absolutistischen römisch-katholischen Kirche, wo der gewählte Papst, in Personalunion sowohl Kirchenoberhaupt als auch Staatsoberhaupt des Vatikans, erst mit dem Tod aus dem Amt scheidet. Als Benedikt XVI. im Jahr 2013 als erster Nachfolger Petri seit vielen Jahrhunderten auf das Amt des Bischofs von Rom freiwillig und unter Verweis auf seinen schlechten Gesundheitszustand verzichtete und damit die Wahl seines Nachfolgers Franziskus ermöglichte, war die Überraschung, bei manchen eher das Entsetzen, entsprechend groß – denn ein Papst, so die überwältigende Mehrheitsmeinung inner- und außerhalb der Kirche, tritt nicht zurück. Doch Mehrheiten können sich täuschen. Erstens sieht das Kirchenrecht einen solchen Schritt durchaus vor, und zweitens hatte Benedikt XVI. auch kirchengeschichtlich einen Vorläufer: jenen bis heute besser als »Engelspapst« denn namentlich bekannten Coelestin V., der am 13. Dezember 1294 nach nur wenigen Monaten freiwillig vom Papstamt zurücktrat – aus Gründen des Alters und der selbstempfundenen Überforderung.

Alter, Krankheit, Überforderung – die Gründe für einen Rücktritt können, wie ein kurzer Exkurs in die Geschichte desselben illustriert, verschieden sein. Den Anfang markiert der römische Diktator Lucius Cornelius Sulla, der 79 v. Chr. aus freien Stücken von seinem Amt zurücktrat, symbolisiert durch die Niederlegung von Rutenbündel und Beilen als Amtssymbolen der höchsten Machthaber des Römischen Reichs. Er tat es nicht aus Alters- oder Krankheitsgründen, auch fühlte sich Sulla keineswegs überfordert – im Gegenteil. Der Diktator trat zurück, um fortan gemeinsam mit seiner fünften Ehefrau ein idyllisches Landleben zu führen. Einfach so? Schon Sullas Zeitgenossen wie etwa Plutarch rätselten über die wahren Beweggründe des »Don Juan der Politik«, wie Theodor Mommsen Sulla apostrophiert hat, die jedoch bis heute, so sie nicht doch der offiziellen Begründung Sullas entsprochen haben, im Dunkel geblieben sind.

Wie damals, so auch heute noch: Niemand, so die verbreitete wi
berechtigte Annahme im antiken Rom wie im zeitgenössischen Berlir
tritt von einem politischen Amt zurück, nur um ein angenehmes, ruhiges
Privatleben zu führen. So unvorstellbar ein Diktator a. D. für die antiken
Zeitgenossen, so unvorstellbar auch heute noch ein Kanzler oder eine   39
Kanzlerin, die zurücktreten, um von den Bürden des Amtes befreit ein
angenehmes Leben auf dem Land zu führen.

Tatsächlich wird Regierungsverantwortung »nicht als Gastspiel gegeben«, wie Michael Philipp in einer – bislang auffallend selten seitens der
Publizistik wie der Wissenschaft vorgenommenen – Analyse politischer
Rücktritte zu Recht konstatiert: »Wer seinen Lebenslauf auf die Politik
ausgerichtet hat, wer sich im innerparteilichen Kampf bis zur Spitze
hochgeboxt hat – der wird doch nicht von allein gehen. Der Berufspolitiker hält an der Macht fest, so lang es irgend geht.« Also kein Rücktritt
um des Müßiggangs willen. Und dies aus zwei Gründen: zum einen aus
Gründen des genannten persönlichen Macht- bzw. Amtsstrebens, das einem schlichten Loslassen und Abschiednehmen widerspricht, zum anderen opponiert ein solches Verhalten – institutionell, verfassungsrechtlich –
einem »Ethos des amtlichen Altruismus und asketischen Dienens«, das
gemäß dem »Handbuch des Staatsrechts der Bundesrepublik Deutschland« einem Amtsträger zugeschrieben wird.

Ethos des Amtes

Historisch wie in der Gegenwart des 21. Jahrhunderts: »Nur derjenige
kann Aufgaben des Staates wahrnehmen, an dessen Integrität und Loya-
lität kein Zweifel besteht.« Im Übrigen können, staatsrechtlich streng genommen, Minister laut dem Wortlaut des »Bundesministergesetzes« Pa-
ragraf 9 Absatz 2 gar nicht von sich aus, aus freien Stücken »zurücktreten«.
Sie können »ihre Entlassung jederzeit verlangen« – die dann durch den
Bundespräsidenten erfolgt, genau wie ihre Ernennung auf Vorschlag des
Bundeskanzlers gemäß Artikel 64 des Grundgesetzes. Ohne Zustimmung
durch den Kanzler und den formalen Akt des Bundespräsidenten kommt
kein Minister in sein Amt und kann es auch nicht niederlegen – eine
staatsrechtliche Vorkehrung, die die Funktionsfähigkeit der Staatsleitung

auch in Krisenzeiten sicherstellen und eine Flucht aus dem Amt, aus welchen Gründen auch immer, verhindern soll. Das Amt verlangt von seinem Inhaber »das Ethos des treuhändischen Dienstes für die res publica« (Josef Isensee) und bindet ihn damit an die grundgesetzlich vorgesehene Dauer seiner Ausübung – jenseits individueller Präferenzen oder Kosten-Nutzen-Kalküle. Die Einlösung dieser ethischen Erwartung an den Amtsinhaber »kann das positive Gesetz freilich letztlich aber nicht garantieren, sondern muss sie voraussetzen«, wie es in den Ausführungen zum »öffentlichen Amt« des »Handbuchs des Staatsrechts« heißt. Kurzum: Mir nichts, dir nichts, aus Bequemlichkeit, aus situativer Frustration oder aus Sehnsucht nach Müßiggang – so die Ratio – darf ein öffentliches Amt, zumal ein so exponiertes wie jenes eines Landes- oder Bundesministers, nicht niedergelegt werden. Und tatsächlich erfolgen Rücktritte (die eine bundespräsidentielle Entlassung verlangen) von Ämtern, von öffentlichen Führungspositionen in Staat und Politik allermeist aus anderen denn aus Gründen situativer individueller Befindlichkeit.

Dabei ist das Spektrum der Rücktrittsgründe breit, zuweilen gar bunt und schillernd. Sei es aus Protest gegen eine Entscheidung, sei es aufgrund gesundheitlicher Probleme, sei es aufgrund politischer Verantwortungsübernahme, aufgrund persönlicher Verfehlungen oder auch aufgrund des Strebens nach »Höherem« oder gar pekuniär Lukrativerem – Rücktritte, Demissionen erfolg(t)en aus ganz verschiedenen Gründen und können, wie Michael Philipp formuliert hat, als Normal- wie auch als Störfälle der Demokratie betrachtet werden: »Nicht nur die spektakulären Skandale führen zu Amtsniederlegungen, sondern auch viele der kaum zählbaren kleineren Affären. Und neben den gravierenden Störfällen der Politik stehen Rücktritte, die Normalfälle sind: Rücktritte aus Altersgründen oder um in ein anderes Amt zu wechseln, Rücktritte wegen parteiinterner Konflikte oder verlorener Wahlen.«

Selten jedenfalls ist die freiwillige Niederlegung eines Amtes vor Ablauf der eigentlich vorgesehenen Frist, zumindest im Bereich der Politik, nicht. Im deutschen Kaiserreich war etwa ein Rücktritt vom Amt des Reichskanzlers eher die Regel als die Ausnahme. Nach dem langjährigen Amtsinhaber Otto von Bismarck, der sich angesichts fehlender Unterstützung durch Kaiser Wilhelm II. im März 1890 zu einem Entlassungsgesuch

40

gezwungen sah, schieden auch fünf seiner sieben Nachfolger auf eigenen Wunsch aus dem Amt. Die Amtszeit des letzten Kanzlers des Kaiserreichs, Max von Baden, endete mit seiner Regierungsübergabe an Friedrich Ebert und der erzwungenen Abdankung des Kaisers. Ein – wenn auch nicht ganz freiwillig vollzogener – Rücktritt steht somit gewissermaßen am Beginn der deutschen Demokratie.

41

Mit der Einführung einer repräsentativdemokratischen Verfassung wurde der Bestand der Regierung an die jeweiligen Mehrheitsverhältnisse des Reichstags geknüpft und das Ausscheiden aus exekutiver Verantwortung zu Lebzeiten auf diese Weise erstmals auch institutionell zum Regelfall. Eine zeitliche Befristung wurde ebenso für das neu geschaffene Amt des Reichspräsidenten vorgesehen – ein klarer Bruch mit der monarchischen Tradition unbegrenzter Herrschaftsdauer.

Auffallender noch die tatsächliche Verfassungsrealität: Fast alle Kabinette unterschritten ihren regulären zeitlichen Rahmen drastisch. Die für die innenpolitische Instabilität symptomatische Kurzlebigkeit der Koalitionen im Reichstag der Weimarer Republik führte zu einer erhöhten Frequenz politischer Rücktritte. Bereits der erste nach neuer Verfassung gewählte Reichskanzler Gustav Bauer trat nach weniger als acht Monaten infolge des Kapp-Lüttwitz-Putsches und des darauffolgenden Generalstreiks von seinem Amt zurück. Konfrontiert mit dem Vorwurf mangelnder Führungsstärke machte der SPD-Politiker den Weg für eine Ämterrochade frei, blieb aber als Schatzminister unter dem neuen Kanzler und vorherigen Minister des Auswärtigen Hermann Müller zunächst in Regierungsverantwortung. Er teilte damit das Schicksal seiner Nachfolger Joseph Wirth, Gustav Stresemann und Wilhelm Marx, die dem politischen Leben auch nach ihren Rücktritten von der Kanzlerschaft als Kabinettsmitglieder erhalten blieben. Angesichts solcher durchaus nicht seltener fliegender Wechsel in und aus der Regierungsverantwortung und der Inflation der Kabinette muss geradezu eine Routine des Rücktritts während der Weimarer Republik konstatiert werden. In den 14 Jahren ihres Bestehens sah die Demokratie 12 Reichskanzler an der Spitze von 16 Reichsregierungen kommen und gehen – dies bei einer durchschnittlichen Regierungsperiode der Kabinette von gerade einmal acht Monaten.

Die Norm des Rücktritts als folgenschwerer Konstruktionsfehler der jungen Republik? Wiewohl die institutionellen Voraussetzungen diese Entwicklungen begünstigten – so kam dem Parlament das Recht zu, den Rücktritt eines Kabinettmitglieds durch ein einfaches Misstrauensvotum zu erzwingen –, wurden sie doch erst durch die meist brüchigen Koalitionen und häufig unklaren Mehrheitsverhältnisse ermöglicht. Ihren Katalysator fanden sie in einer Umgebung dauerhafter gesellschaftlicher Polarisierung und fehlender demokratischer Kultur bis hin zum »Tumultcharakter« (Manfred Funke) der späten Weimarer Republik.

Unter gänzlich anderen Voraussetzungen und in geminderter Intensität blieben politische Rücktritte allerdings auch nach dem Zweiten Weltkrieg keine Seltenheit. Allein in der Geschichte der Bundesrepublik Deutschland lassen sich über 250 auf der Ebene der Länder und des Bundes zählen, nimmt man allein die Minister bzw. Regierungschefs in den Blick. Dabei gleicht kein Rücktritt dem anderen; alle, wenn auch teils aus ähnlichen Gründen, unterscheiden sich erkennbar: Die einen erfolgten freiwillig, die anderen erzwungen, manche erfolgten im Kollektiv als Teil einer Koalitionsregierung in Auflösung, die meisten individuell; die einen waren gründlich, manche langfristig vorbereitet, andere erfolgten spontan, überstürzt. Manch Zurücktretender vermochte die Umstände des Ausscheidens selbst zu bestimmen, die anderen nicht. Einzelnen Rücktritten folgte ein Neuanfang, gar ein Aufstieg, viele Rücktritte markierten einen Abschluss, einen Weg ins Aus der öffentlichen Verantwortung.

Keinen Weg ins Aus markierte der erste und bis heute einer der spektakulärsten Rücktritte eines Bundesministers in der Geschichte der Bundesrepublik, als Gustav Heinemann bereits gut ein Jahr nach Gründung der Republik im Streit mit Bundeskanzler Adenauer von seinem Amt zurücktrat. Heinemann, Innenminister des ersten Kabinetts Adenauers, lehnte dessen Verhandlungen mit den Alliierten über einen möglichen deutschen Wehrbeitrag im Rahmen einer europäischen Armee strikt ab und wollte eine solche Politik der – wie er befürchtete – »Remilitarisierung« Deutschlands weder im Rahmen des Kanzler- noch des Kabinettsprinzips mittragen. Seinem Rücktrittsgesuch vom 9. Oktober 1950 und dem nachfolgenden Parteiwechsel von der CDU zur GVP und schließlich zur SPD sollte 16 Jahre später auf Vorschlag Willy Brandts die Ernennung zum Justizminister in der von Kurt Georg Kiesinger geführten Großen Koalition folgen, bevor Heinemann dann – »ein Stück Machtwechsel« – wiederum drei Jahre später in der Bundesversammlung zum dritten Bundespräsidenten der Bundesrepublik Deutschland gewählt wurde.

Gewiss, Gustav Heinemanns politische Rücktrittsbiografie erscheint bis heute außergewöhnlich – denn wer erinnert sich rückblickend noch an Demissionen einstmals wichtiger Persönlichkeiten wie Paul Lücke, Alex Möller, Karl Schiller oder Werner Maihofer? Tatsächlich hat sich entlang der Vielzahl der Rücktritte und über die Vielzahl der Jahre hinweg keine »Kultur des Rücktritts«, geschweige denn eine Gesetzmäßigkeit des Rücktritts in der Bundesrepublik entwickelt. »Aber die Rücktritte, die Nicht Rücktritte und die Diskussion darüber prägen die politische Kultur«, wie Heribert Prantl vor 15 Jahren treffend feststellte. Inwiefern? Gesetzliche Regelungen, zumal grundgesetzliche, sind das eine. Gerade letztere sind bekanntlich knapp formuliert und interpretationsbedürftig. Damit ist ein weiter Spielraum der Auslegung, der Sichtweisen gegeben, wann ein Rücktritt geboten oder gar alternativlos ist – und wann nicht. Zumal dann, wenn es sich um ein Ministeramt handelt, das Teil eines fragilen Mobiles aus Kabinetts-, Kanzler- bzw. Koalitionsinteressen ist.

Musste, müsste, sollte, könnte

Konkreter: Mancher Rücktritt muss(te) sein, wie beispielsweise jener von Franz Josef Strauß im Zuge der *Spiegel*-Affäre 1962, als es darum ging, als Verteidigungsminister Verantwortung für die skandalösen Vorgänge um Rudolf Augstein und dessen publizistisches »Sturmgeschütz der Demokratie« zu übernehmen, oder auch, knapp vier Jahrzehnte später, jener Rücktritt von Verteidigungsminister und CSU-Hoffnungsträger Karl-Theodor zu Guttenberg infolge der Plagiatsaffäre um seine Doktorarbeit. In beiden sachlich ganz unterschiedlich gelagerten Fällen war ein Verbleib im Amt nicht möglich – obwohl beide Male die Kanzler dies wünschten: Im Fall von Strauß erzwang der Koalitionspartner FDP bei Adenauer die Demission; bei zu Guttenberg war der öffentliche Druck letztendlich so stark geworden, dass Angela Merkel, die lange die schützende Hand über ihren hoch populären Minister gehalten hatte, nicht

43

mehr anders konnte, als dessen widerwillige Demission zu akzeptieren. Ähnlich verhielt es sich wenig später bei dem Rücktritt Annette Schavans als Wissenschafts- und Bildungsministerin im Kabinett Merkel II.

44

Wie im Bund, so in den Ländern: Unvergessen ist hier jener unvermeidliche und doch quälende Rücktritt, den vor nunmehr dreißig Jahren der schleswig-holsteinische Ministerpräsident Uwe Barschel vollzog, um Verantwortung für jene undurchsichtigen und unheimlichen Machenschaften in der Kieler Staatskanzlei zu übernehmen, die darauf zielten, SPD-Oppositionsführer Björn Engholm persönlich zu diskreditieren und dessen Partei politisch erheblich zu schaden. Barschels plötzlicher und bis heute nicht restlos aufgeklärter Tod in der Badewanne eines Schweizer Luxushotels nur wenige Tage nach seinem Rücktritt, aber auch die Weiterungen, die Irrungen und Wirrungen um Barschel, Engholm, Reiner Pfeiffer und andere lassen diese Vorgänge im Herbst 1987 als Tiefpunkt der politischen Kultur der Bundesrepublik erscheinen – und manch anderen Rücktritt, zumal jene, die aufgrund von »Suff und Sex, Patzer und Dummheiten« (Michael Philipp) im Bund wie in den Ländern erfolgten, in einem vergleichsweise milde(re)n Licht.

Trotzdem: Mancher Rücktritt hätte sein müssen, erfolgte aber nicht, wie jener von Manfred Wörner, dem ersten Verteidigungsminister im Kabinett Helmut Kohls. Wörner hatte mit der (letztlich unhaltbaren) Entlassung des Vier-Sterne-Generals Günter Kießling aufgrund falscher, persönlich kompromittierender Verdächtigungen einen kapitalen politischen Fehler begangen. Doch Kanzler Kohl lehnte 1984 den von Wörner angebotenen Rücktritt, trotz heftigster oppositioneller und medialer Proteste gegen den Verbleib des Ministers im Amt, ab. Der Kanzler konnte gemäß Verfassung entscheiden und wollte Wörners Rücktritt nicht – so kurz nach der geglückten »Wende« von Rot-Gelb zu Schwarz-Gelb samt gewonnener Wahl 1983. Also blieb Wörner, politisch zweifellos geschwächt und beschädigt, rechtmäßig im Amt. Keine Sternstunde der politischen Kultur, eher eine Demonstration von machtvoller, manche würden sagen: rabulistischer Verfassungsauslegung aus parteipolitischem Kalkül. Der Koalitionspartner beugte sich dem ebenso wie der Bundespräsident, der seinerseits keine Möglichkeit hatte, anderes zu exekutieren.

Mancher Rücktritt hätte nicht sein müssen, sachlich nicht, politisch nicht, und erfolgte doch – beispielsweise von Rudolf Seiters 1993 infolge des missglückten Anti-Terroreinsatzes von Bad Kleinen. Seiters übernahm als Bundesinnenminister die politische Verantwortung für den blutigen Verlauf der Festnahme des als RAF-Mitglied gesuchten Wolfgang Grams, bei der Grams selbst wie auch ein GSG-9-Angehöriger bei einem Schusswechsel auf dem Bahnhof von Bad Kleinen getötet wurden. Niemand, weder aufseiten der Opposition noch seitens der Medien, hatte mit einem solchen Schritt politischer Verantwortungsübernahme ernsthaft gerechnet. Umso größer die Überraschung und Anerkennung für diesen konsequenten wie zügigen Schritt nur eine Woche nach den Geschehnissen. Weniger überraschend und dennoch keineswegs notwendig oder gar gefordert war der Rücktritt Sabine Leutheusser-Schnarrenbergers als FDP-Justizministerin drei Jahre später, mit dem sie gegen die Zustimmung ihrer eigenen Partei zum »großen Lauschangriff« des fünften schwarz-gelben Kabinetts Kohl protestierte.

Nicht notwendig, nicht gefordert und nicht der politischen Verantwortungsübernahme des Amtes geschuldet waren wiederum Rücktritte wie jener von Hans Friderichs, der als Bundeswirtschaftsminister 1977 zurücktrat, um, gerade einmal 46 Jahre alt, Vorstandssprecher bei der Dresdner Bank zu werden, oder auch jener Richard von Weizsäckers als Regierender Bürgermeister von Berlin im November 1983 – kein wirklicher Abschied von der Politik, aber von der Parteien- und Landespolitik zweifellos. Weizsäckers Rücktritt erfolgte zu einem Zeitpunkt, als er von seiner eigenen Partei als Kandidat für das Amt des Bundespräsidenten nominiert wurde – ein Karriereschritt für den Kandidaten selbst, zweifellos, eine Enttäuschung für viele in Berlin, die die Beteuerung »ihres« ebenso respektierten wie beliebten Regierenden Bürgermeisters wörtlich genommen hatten, keine weitere politische Aufgabe jenseits der geteilten Stadt zu suchen. Es sollte anders kommen, biografisch wie staatspolitisch: zehn erfolgreiche Jahre in Bonn wie in der wiedervereinigten Hauptstadt Berlin, auf die der Bundespräsident am Ende seiner zweiten Amtszeit zurückblicken konnte.

Noch einmal fast doppelt so lange währte die Amtszeit Hans-Dietrich Genschers, als dieser, 1974 vom Innen- ins Außenministerium gewechselt, 1992, nach fast 18 Jahren, als dienstältester Außenminister der Welt aus freien Stücken und für die allermeisten Beobachter und politischen Weggefährten überraschend seinen Rücktritt erklärte und aus der Hand von Bundespräsident von Weizsäcker seine Entlassungsurkunde erhielt. Genscher war es, wie der *Rheinische Merkur* seinerzeit kommentierte, gelungen, »sich vor der Götterdämmerung im Mantel des Erfolges zu verabschieden«. Bis heute werden dessen Nachfolger im Amt, heißen sie Kinkel, Fischer, Westerwelle oder Steinmeier, an seiner Amtsführung, seinem Charisma der Amtsführung gemessen.

Jenseits von Systemen und Strukturen

Tatsächlich lenken, nicht zuletzt à la Max Webers luzider Analyse von Amtscharisma als erfolgreicher Bindung gestaltender Akteure an einen »institutionellen Ethos« (Agathe Bienfait), Rücktritte den Blick auf den Persönlichkeitsfaktor im Koordinatensystem von Macht und Verantwortung, von Strukturen, Prozessen, Systemen – und, ganz grundsätzlich, von Recht und Moral. Eben diese Koordinaten sind, so statisch, verbindlich, klar sie auf den ersten Blick scheinen, gerade dies keineswegs. Recht und Moral sind eingebettet in eine politische Kultur, die sich über die Zeitläufte hinweg wandelt und die damit verschiedene Schlussfolgerungen zulässt hinsichtlich der Frage, was sein muss und was nicht, was soll oder was kann, was schicklich wäre oder eben nicht.

Ein schönes Beispiel dafür ist einer der ersten Rücktritte in der Frühphase der Bundesrepublik, als Paul Nevermann, amtierender Erster Bürgermeister von Hamburg, im Juni 1965 von seinem Amt zurücktrat. Der Grund: Der erfolgreiche Bürgermeister und SPD-Parteistratege hatte sich nach 31 Ehejahren von seiner Frau getrennt und unterhielt eine Beziehung zu einer deutlich jüngeren, ebenfalls verheirateten Frau. Mit seinem Verhalten hatte Nevermann zwar keinerlei Gesetz missachtet, aber, wie die *Welt* konstatierte, die moralische Räson verletzt, der sich ein Regierungschef zu unterwerfen habe. Auch die *Zeit* kritisierte des Bürgermeisters »Heucheln für Hamburg«, und seine eigene Partei stellte ihn vor die Wahl zwischen Amt und Privatleben. Nevermann entschied sich für Letzteres und trat zurück. Was Mitte der sechziger Jahre im hanseatischen

Milieu noch ein Grund zur Demission war – eine gescheiterte Ehe, ein unklarer Familienstand, außereheliche Beziehungen –, sollte nur wenige Jahre später im rheinischen Milieu des Regierungssitzes Bonn, schon zur Zeit der Kanzlerschaft Willy Brandts, und erst recht im politischen Betrieb der Berliner Republik allenfalls ein Achselzucken, Schmunzeln oder Stirnrunzeln hervorrufen. Ein Karrierehindernis, gar einen Grund zum Rücktritt stellen (mehrfache) Scheidungen, Wiederverheiratungen oder außereheliche Beziehungen heute nicht mehr dar, auch nicht in Parteien, denen das »C« im Parteinamen außerordentlich wichtig ist.

Das moralische Koordinatensystem hat sich schlicht verschoben, misst anderen Umständen heute weitaus mehr Bedeutung bei als jenen der persönlich-familiären Lebensführung. So war bereits der »eruptivste und wohl auch emotionalste Amtsausstieg« in der bisherigen Geschichte der Bundesrepublik, wie die *Frankfurter Rundschau* den Rücktritt Willy Brandts apostrophierte, nicht der Kolportage seiner zahlreichen Damenbesuche oder gesundheitlichen Beeinträchtigungen geschuldet, sondern dem Spionagefall Guillaume, in dem Brandt selbst keinerlei persönliche Verantwortung trug. Entsprechend scharf verurteilte dessen damaliger Verteidigungsminister Helmut Schmidt Brandts Entscheidung, als Regierungschef zurückzutreten: »Wegen dieser Lappalien kann ein Bundeskanzler sein Amt nicht aufgeben!« Sah sich Brandt 1974 dem Vorwurf seines Amtsnachfolgers ausgesetzt, leichtfertig das Amt hingeworfen zu haben, so konnte davon bei Brandts Vor-Vorgängern als Bundeskanzler, bei Adenauer und Erhard, nicht die Rede sein. Beide kämpften um ihr Amt und wurden letztlich, anders als Kurt Georg Kiesinger 1969, von ihrer eigenen Partei bzw. dem Koalitionspartner FDP zum Amtsverzicht bewegt. Beiden Rücktritten ging ein zähes innerparteiliches und koalitionspolitisches Ringen um Macht, um Einfluss, um Richtung und Inhalte voraus. Während Kiesingers Amtszeit mit Ablauf der Legislaturperiode und mangels weiterer Machtperspektive durch Bildung der ersten sozialliberalen Koalition im Bundestag endete, sollte Helmut Schmidt Willy Brandts Beispiel ebenso wenig folgen wie dessen Nachfolger Helmut Kohl und Gerhard Schröder – jeweils aus unterschiedlichen Gründen und in anderen machtpolitischen Konstellationen. Schmidt schied nach der »Wende« der FDP und verlorenem Misstrauensvotum aus dem Amt,

47

Kohl wurde nach 16 Amtsjahren abgewählt, und Schröder verlor die von ihm selbst herbeigeführte vorgezogene Neuwahl des Bundestages nach knapp zwei Legislaturperioden. Dessen Amtsnachfolgerin strebt nach drei Amtszeiten zur Bundestagswahl im Herbst 2017 eine vierte an. Kurzum: Ein (weitgehend) freiwilliger Rücktritt wie jener Willy Brandts vom staatspolitisch wichtigsten Amt stellt in bald sieben Jahrzehnten Bundesrepublik bislang die Ausnahme von der Regel erzwungener Abschiede und vollzogener Abwahlen dar.

So wenig bislang freiwillige Kanzlerrücktritte zur gelebten politischen Kultur der Bundesrepublik gehören, so wenig machte man sich diesbezüglich Gedanken mit Blick auf das protokollarisch höchste Amt im Staate – zumal der Bundespräsident, erst einmal gewählt, potenziellen Fallstricken der Tages- und Parteipolitik entzogen ist. Kaum verwunderlich also, dass das Grundgesetz keinerlei explizite Normierungen zum Rücktritt eines Bundespräsidenten vorsieht, zielt doch jene »vorzeitige Erledigung des Amtes«, von der in Artikel 57 die Rede ist, der Idee nach auf Krankheits- oder Altersgründe. Ein Staatsoberhaupt, so die Ratio in Verfassungstheorie und gelebter Praxis, tritt nicht vorzeitig, aus freien Stücken, zurück. Bis zu dem Tag, als Horst Köhler am 31. Mai 2010 das politische Berlin »erschütterte« (*Süddeutsche Zeitung*), indem er das Unvorstellbare wahr machte und von seinem Amt als Bundespräsident zurücktrat. Ob die von Köhler zur Begründung angeführten medialen Angriffe auf sicherheitspolitische Einschätzungen einen solchen weitreichenden Schritt nun rechtfertigen oder nicht, sollte Gegenstand ebenso langer wie intensiver politisch-medialer und auch staatsrechtlicher Debatten sein.

Ganz anders im anschließenden Fall, dem Rücktritt seines Amtsnachfolgers Christian Wulff. Der 52-Jährige verließ nicht einmal zwei Jahre nach dem Rücktritt Köhlers das Schloss Bellevue im Februar 2012 vorzeitig – nicht, weil er wollte, nicht, weil er amtsmüde oder krank war, nicht, weil er sich eines rechtlichen Vergehens schuldig sah, sondern weil er musste. Es war ein erzwungener Rücktritt. Tatsächlich war der mediale und schließlich auch politische Druck auf Wulff, diesen Schritt zu vollziehen, über Wochen immer größer geworden, sodass ihm letztlich keine andere Wahl blieb, als angesichts von massiven Vorwürfen wie jenen der Bestechlichkeit bzw. der Vorteilsnahme »freiwillig« zurückzutreten. Dass letztendlich nach gerichtlicher Prüfung von den erhobenen Vorwürfen nichts Justiziables übrig geblieben ist und damit der Abschied aus dem Amt keineswegs so notwendig gewesen wäre, wie die meisten Beobachter zum Zeitpunkt der »Wulff-Affäre« meinten, lässt den erzwungenen Rücktritt vom höchsten Staatsamt bis heute in einem fahlen Licht erscheinen. Christian Wulff war, nach Jahrzehnten partei- und staatspolitischer Betätigung in parlamentarischen und exekutiven Ämtern, mit der Wahl zum zehnten Bundespräsidenten »ganz oben« angekommen und stürzte, wie er es selbst empfand, mit seinem Rücktritt nach »ganz unten« – in vergleichsweise jungen Jahren und ohne Aussicht, als Bundespräsident a. D. noch einmal ein irgendwie geartetes Comeback schaffen zu können.

49

Doch nichts ist ausgeschlossen – jeder Weg in ein Amt ist so individuell wie der Abschied »vor der Zeit«. Was im Moment des Rücktritts, im Moment der allermeist als Niederlage und nicht als Befreiung empfundenen Amtsniederlegung unveränderlich erscheint, ist es mit wachsendem zeitlichem Abstand oftmals nicht (mehr). Der Weg von ganz oben nach ganz unten ist keine Einbahnstraße, erst recht keine Sackgasse – zumal nicht für jene, die aus ihrer Erfahrung lernen und nicht verbittern. Ein Bundesminister, der in jungen Jahren wegen persönlicher Verfehlung zurücktreten musste, diese eingestand und bedauerte, dann auf Distanz zu Politik und Öffentlichkeit ging, um Jahre später zurückzukehren und erneut Verantwortung übernehmen zu wollen? Wie realistisch ein solches Szenario ist, steht dahin, ausgeschlossen wäre es keineswegs. Denn mit wachsendem zeitlichem Abstand verlieren Ereignisse ihre unmittelbare Virulenz (»Scheiß auf den Doktor« kommentierte die *BILD-Zeitung* im Fall zu Guttenberg schon im Februar 2011), werden Vorgänge oftmals abgeklärter, milder – oder, wie im Fall von Christian Wulff, gar in einem anderen Licht bewertet.

Republikanische Freiwilligkeitslücke

Ja, es gibt keine »Kultur« der Rücktritte, vielmehr spiegeln Rücktritte die jeweilige politische Kultur, ihre Akteurskonstellation, ihre Werte, Maßstäbe und ungeschriebenen Gesetze jenseits auch von Recht und Gesetz – das letztlich wiederum in einem je konkreten zeitlichen, politisch-gesellschaftlichen Kontext ausgelegt und angewandt wird. Von wem? Von jenen, die selbst Macht besitzen, sei es politische in Parteien und Staat, sei es öffentliche wie in Medien, Wissenschaft oder wichtigen Interessenverbänden, und die ihrerseits mit ihrer expliziten oder impliziten Macht verantwortungsvoll umzugehen haben, um dem »Faktor« Mensch im Institutionen-, Regel- und Gesetzesgeflecht gerecht werden zu können. Ein fragiles Mobile eben. Recht und Gerechtigkeit müssen der Maßstab sein, eingedenk auch des Umstands, dass allzu menschliche Verhaltensweisen sich mit dem Ethos eines Amtes, zumal dem eines Ministers, eines – im Wortsinne – Dieners des Gemeinwesens, schlecht oder gar nicht vertragen.

In wenigen Fällen der Unverträglichkeit oder gar der Unfähigkeit ist das Urteil klar, der Rücktritt notwendig. In einzelnen Fällen ist ein Rücktritt nicht nur nicht erforderlich, sondern vielfach zu bedauern – eben dann, wenn er aus persönlichen Gründen erfolgt, etwa wegen eines Karrieresprungs oder einer beruflichen Neuorientierung. In vielen Fällen aber liegen die Dinge komplizierter, ist ein Abwägen, ein Ermessen, ein Maßhalten geboten. Dies obliegt dem, der ein Amt bekleidet, ebenso wie denen, die die Macht haben, einen Rücktritt zu erzwingen oder ihn mit herbeizuführen. Wichtig ist dabei ein Bewusstsein davon, dass die Mehrzahl der erfolgten Rücktritte der vergangenen Jahre und Jahrzehnte mit der Aura einer persönlichen Niederlage umgeben sind und auch heute eine vorzeitige Trennung von Amt und Person keineswegs eine republikanisch-demokratische Selbstverständlichkeit, gar eine Alltäglichkeit darstellt. Ob Letzteres als Ausweis einer avancierten Rücktrittskultur überhaupt erstrebenswert wäre, muss bezweifelt werden, verbindet sich doch das Ethos eines Amtes gerade mit der ihm apriorisch eingeschriebenen begrenzten Dauer, die in ihrer Begrenztheit idealiter auszuschöpfen ist, aber zugleich auch mit der Ausdauer des Amtsinhabers und der Akkumulation von Erfahrung zur umsichtigen Ausübung desselben.

So fundamental ein freiheitliches Gemeinwesen auf die Bereitschaft von Bürgern angewiesen ist, politische, staatliche, öffentliche Ämter auf Zeit zu bekleiden – oftmals finanziell signifikant geringer alimentiert als Führungspositionen im Bereich der Wirtschaft –, so notwendig ist aus dieser republikanischen Freiwilligkeitslücke heraus ein angemessener, fairer Umgang mit jenen, die diese Bereitschaft zur Verantwortungsübernahme für die res publica unter Beweis stellen. Jeder, der sich auf dieses »Abenteuer« einlässt, sich auf den berühmten Schleudersitz in Partei und Politik setzt, weiß aus Theorie, Beobachtung und der Erfahrung anderer, was passieren kann. Doch selbst legt es kaum jemand darauf an, sich in die Genealogie öffentlich beachteter, notwendig gewordener, gar erzwungener Rücktritte einzureihen. Jeder weiß, der Zauber des Anfangs wird verblassen. Doch auf sich beziehen will es niemand – zum Glück für Gemeinwesen und Gemeinwohl.

RÜCKTRITTE IN DER PRAXIS

»Wenn du in die Politik gehst, musst du vorher wissen: Der Abschied ist bei 90 Prozent der Politiker brutal. Man wird entlassen, man wird abgewählt, die Menschen sind enttäuscht, oder sie sagen: Gut, dass der weg ist.«

Ulrich de Maizière
(ehemaliger Generalinspekteur der Bundeswehr und Vater von CDU-Bundesinnenminister Thomas de Maizière)

FALLBEISPIELE AUS POLITIK, WIRTSCHAFT, MEDIEN UND GESELLSCHAFT

Selbstbestimmt, aufgrund eines Vorfalls oder die Entscheidung dagegen: Grundlage eines jeden (ausbleibenden) Rücktritts ist ein Prozess, an dessen Ende eine Erkenntnis steht, die auf die Frage antwortet: Gehe ich – oder bleibe ich? Mitunter gibt es externe Ereignisse, die diesen (oft einsamen) Entscheidungsprozess beeinflussen. Seien es unangekündigte Entwicklungen wie Katastrophen, die die Frage nach der politischen Verantwortung stellen, persönliche Verfehlungen, die bekannt werden, familiäre Gründe oder eine Verschlechterung der Gesundheit, die dafür sorgt, dass man sich Gedanken macht, ob man sein Amt noch länger ausüben kann. Manchmal ist es auch schlicht das Ende einer Amtszeit. Oft kommen mehrere Faktoren zusammen, die die Grundlage für eine stets persönliche Entscheidung bilden. Allerdings ist es schwierig, angesichts der Gemengelage aus manchmal begrenzten Amtszeiten, mitunter neuen Herausforderungen, häufig gegenläufigen Interessen, zumeist kräftezehrender öffentlicher Berichterstattung sowie (persönlicher oder politischer) Verantwortung die Schritte jeweils zu kategorisieren. Die Schilderungen von ausgewählten Persönlichkeiten aus Politik, Medien und Gesellschaft zeigen diese Überlegungen – und machen deutlich, wann ihnen die Erkenntnis kam, dass sie zurücktreten, wann es gut war, zu bleiben, wie sich das Ganze umsetzen ließ – und wie man zurückkommen kann.

*»Ältere Zirkuspferde und betagte Politiker sollten den
Zeitpunkt kennen – und selbst bestimmen –, wann
sie die Manege zu verlassen haben.«*

Peer Steinbrück
(der ehemalige NRW-Ministerpräsident, Bundesfinanzminister und SPD-Kanzlerkandidat im Jahr 2016 über
seinen Rückzug aus der Politik)

ERKENNTNIS
Wie merke ich, dass Schluss ist?

»Der Eintritt in die Politik«, so hat es Hans Magnus Enzensberger einmal
gesagt, »ist der Abschied vom Leben, der Kuss des Todes.« Mit diesen
Worten wird der deutsche Intellektuelle auch in dem Buch »Höhenrausch: Die wirklichkeitsleere Welt der Politiker« zitiert. Das Werk des
mittlerweile verstorbenen *Spiegel*-Journalisten Jürgen Leinemann, der die
Politik und die Protagonisten über Jahrzehnte in Bonn, Washington und
Berlin begleitete, ist eine herausragende Mischung aus Beobachtung und
Analyse der deutschen Politik in den letzten Jahrzehnten. Im Jahr 2004
erstmals erschienen, fasst Leinemann darin seine Beobachtungen aus gut
40 Jahren politischer Berichterstattung (und eigener Erfahrung) zusammen und hält fest: Politik weist eindeutig Züge eines Suchtprozesses auf –
inklusive Realitätsverlust. »Ob Macht, Erfolg, Arbeit, Alkohol, öffentlicher Applaus – an Auslösern für Höhenrausch besteht kein Mangel.« Wie
alle Abhängigen machen sich diejenigen, die der Droge Politik – und das
heißt vor allem: der Droge ihrer eigenen Wichtigkeit – verfallen sind, lange Zeit vor, sie hätten alles im Griff. Leinemann hat beobachtet, »wie die
Macht sie verändert, wie sie sich einmauern in Posen von Kompetenz und
Zuversicht, während die öffentliche Verachtung wächst« – und insgeheim
auch die Selbstzweifel.

Vor diesem Hintergrund hat ein Rücktritt, um in Leinemanns Bild zu bleiben, etwas von Entzug. Doch: Wer nimmt ohne Not einen solchen auf sich? Denn gerade in öffentlichen Ämtern – nicht nur in der Politik, sondern auch in Wirtschaft, Medien oder anderen gesellschaftlichen Bereichen – geht es um Anerkennung und (öffentlichen) Applaus. Elf Beispiele sollen Aufschluss über den Moment der Erkenntnis geben und die jeweils maßgeblichen Kernpunkte des Prozesses verdeutlichen.

*****

»Überraschung ist ein Zeichen eines gut geplanten Rücktritts.« **Sabine Leutheusser-Schnarrenberger**, Jahrgang 1951, war von 1992 bis 1996 sowie von 2009 bis 2013 Bundesministerin der Justiz. In ihrer ersten Amtszeit trat die FDP-Politikerin aus persönlichen Gründen zurück.

»Als es im Jahr 1995 den Mitgliederentscheid in der FDP zum Thema »Großer Lauschangriff« kam, stand für mich fest: Sollte sich die Partei anders entscheiden, also für den sogenannten Großen Lauschangriff, dann kann ich nicht im Ministerium bleiben und werde ganz bewusst zurücktreten. Dennoch war unsicher, wie er ausgehen würde, da er auch über einen längeren Zeitraum ging, in dem sich eine Stimmung auch verändern kann. Doch diesen Rücktrittsgedanken habe ich nie gegenüber jemandem in der FDP oder gar öffentlich mitgeteilt. Aber innerlich war das klar. Und auch meinem Mann und meinen Freunden war das bewusst. Da gab es auch keine streitigen Diskussionen. Ich bin aber auch in diese Gespräche schon mit dieser eindeutigen Meinung gegangen. Da ging es dann um Detailfragen: Wie verhält man sich? Wie macht man das dann? Letztendlich war mir nur wichtig, dass in der öffentlichen Diskussion auf keinen Fall ein Momentum entstehen durfte, dass ich mit dem Rücktritt drohen würde. Das wollte ich auf gar keinen Fall. Denn: Die Überraschung ist ein Zeichen eines gut geplanten Rücktritts. Letztendlich war es also ein anlassbezogener Rücktritt, der aber über ein paar Monate geplant war. Und es war bestimmt die schwerste, aber auch die richtigste politische Entscheidung, die ich getroffen habe. Das zeigt sich auch daran, dass ich mit dieser Entscheidung auch nie eine Sekunde gehadert habe, davor nicht und danach nicht.«

*****

»Ich hatte das Gefühl, dass ich gehen musste.« **Marina Weisband**, Jahrgang 1987, war von Mai 2011 bis April 2012 politische Geschäftsführerin und damit auch Mitglied des Bundesvorstands der Piratenpartei Deutschland. Am 25. Januar 2012 gab Weisband überraschend ihren Rückzug aus der Parteispitze und einen Verzicht auf eine zweite Amtszeit bekannt.

»Mir war von Anfang an klar, dass ich nur für ein Jahr gewählt bin. Ohnehin waren die Umstände meiner Wahl ja überraschend: Das war 2011, auf meinem ersten Bundesparteitag. Vorher war ich nur ein wenig in Münster engagiert. Und an dem Sonntag, bei der Wahl des Bundesgeschäftsführers, standen nur zwei Scherzkandidaten zur Auswahl. Daraufhin gab es einige Spontankandidaturen, einige haben auch mich vorgeschlagen und zum Mikrofon gestupst. Ich habe gedacht: Das wird eh nichts, weil mich ja keiner kennt. Also habe ich zwei Minuten lang gesagt, was ich wichtig finde – und war fertig. Doch es kam scheinbar ganz gut an, und der Versammlungsleiter hat mich dann angetippt und gesagt: Dir ist schon klar, dass die dich jetzt wählen, oder? Und dann wurde ich gewählt. Das ging alles ganz schnell: Auf einmal wollte das *ZDF* ein Interview mit mir – ich wurde ganz panisch, hab geweint und meine Mutter angerufen. In den kommenden drei Wochen überlegte ich, ob es höflich wäre, zurückzutreten – ich wollte ja auch keinen enttäuschen. Aber es war nie schlimm genug. Nach drei Monaten dachte ich, jetzt sei der Moment gekommen, an dem ich guten Gewissens zurücktreten kann. Aber dann war es auf einmal nicht mehr so riesig und schrecklich, inzwischen hatte ich meine neue Aufgabe kennengelernt und fühlte mich in meiner Funktion kompetent und sinnvoll. Es gab zudem einige Leute, denen ich vertrauen konnte. Dennoch war mir von Anfang an klar, dass ich es nur ein Jahr mache. Auf meinem Computer hatte ich mir einen Countdown eingerichtet, der runterzählte, wie lange ich noch im

60

Amt bin, und als dann feststand, wann der nächste Bundesparteitag stattfinden sollte, war dieser Zähler sogar stundengenau. Zwar gab es Momente, in denen ich an meiner Entscheidung gezweifelt habe, aber dieses Gefühl hielt nie lange an. Letztendlich gab es zu viele gute Gründe, nach dem Jahr aufzuhören: Zum einen steckte ich mitten in meiner Diplomarbeit. Zum anderen hätte ich gerne eine bezahlte Assistenz gehabt, denn die viele Arbeit, das Reisen und der ganze Stress beeinträchtigten allmählich meine Gesundheit. Das konnte ich auf Dauer nicht aushalten. Und der dritte Punkt war, dass ich gehen musste. Das war meine Erkenntnis. Nach der Wahl zum Abgeordnetenhaus in Berlin, ein deutlicher Erfolg, habe ich die große Bühne zwar sehr genossen. Ich wurde von interessanten Leuten eingeladen und konnte mit ihnen diskutieren. Und dieses Gefühl, dass man sich für meine Gedanken interessiert, war überwältigend. Aber an dem Punkt habe ich Angst bekommen, davon abhängig zu werden. Ich hatte Angst vor der Entwicklung, Politik zu machen, weil ich in der Politik bleiben will – und nicht, weil ich etwas verändern will. Um dieser Angst zu begegnen, musste ich früh aussteigen, um das Ziel nicht aus den Augen zu verlieren. Man arbeitet sich sonst in etwas hinein, in einen Alltag, und vergisst, das zu tun, wofür man eingetreten ist. Deshalb bin ich ausgestiegen – und bereue es bis heute nicht.«

*****

»Letztendlich würde ich damit auch ein Fehlverhalten eingestehen, das aus meiner Sicht nicht vorlag.« **Rudolf Scharping**, Jahrgang 1947, war von 1991 bis 1994 Ministerpräsident des Landes Rheinland-Pfalz und von 1998 bis 2002 Bundesminister der Verteidigung. Zudem war er von 1994 bis 1998 Vorsitzender der SPD-Fraktion im Deutschen Bundestag, Vorsitzender der SPD sowie Kanzlerkandidat seiner Partei bei der Bundestagswahl 1994. Als Minister wurde er von Bundeskanzler Gerhard Schröder im Juli 2002 entlassen.

»Ich erinnere mich noch gut daran, dass es damals im Juli 2002 eine Sitzung des SPD-Präsidiums gab, bei der man versucht hat, mir nahezubringen, dass ein Rücktritt auch die Chance der Rückkehr bedeutet. Doch das habe ich vollständig anders eingeschätzt. Stattdessen habe ich den Bundeskanzler auf die Verfassung aufmerksam gemacht, die eine Entlassung auch ohne Angabe von Gründen ermöglicht. Es hieß dann zwar: Ein Rücktritt sei doch ehrenvoll, und nach einer Abkühlphase könne ich ja wieder in die Politik oder in ein Amt zurückkehren. Aber ich habe das als Schönrederei empfunden. Denn letztendlich würde ich damit auch ein Fehlverhalten eingestehen, das aus meiner Sicht nicht vorlag. Dass es sich bei einer Entlassung um einen in der Bunderepublik äußert seltenen Vorgang handelt, hat bei meinen Überlegungen keine Rolle gespielt. Ich sah mich bestimmten Angriffen ausgesetzt und war entschlossen, mich dagegen zu wehren. Auch juristisch, was ich ja später mit Erfolg getan habe. Letztendlich wollte ich unter keinen Umständen den Eindruck erwecken, ich hätte mir etwas vorzuwerfen, was mit der Realität nichts zu tun hatte. Der mediale Druck war schon groß. Letztendlich gab es da viele Punkte, aber die mediale Kritik konzentrierte sich darauf, dass Moritz Hunzinger verdächtigt wurde, Politiker bestochen zu haben. Ich hatte mit Herrn Hunzinger in den Jahren davor einen Vertrag. Mir war schon klar, dass man, wenn ein bestimmter Vorwurf erhoben wird und in den Medien eine solche Rolle spielt, dann nicht mehr die Kraft, Macht und Möglichkeit hat, das alles durchzustehen. Insofern muss man sich in einem solchen Moment die Frage stellen, ob man ein paar Monate vor der Bundestagswahl zur Belastung oder zum Rechthaber und Starrkopf wird? Letztendlich war es aus meiner Sicht die sinnvollste Lösung für beide Seiten, vom Artikel des Grundgesetzes Gebrauch zu machen. So habe ich das auch im SPD-Präsidium vorgeschlagen, und wenn Sie sich die Zeitungen des Jahres 2002 anschauen, dann war es auch für die öffentliche Wahrnehmung des Bundeskanzlers nicht schlecht, erschien er doch als tatkräftig, entschlossen und machtbewusst. Ich selbst habe emotional ehrlich gesagt überhaupt nicht darunter gelitten. Nüchtern betrachtet war schon mit der ersten Veröffentlichung im »Stern« klar: das war es. Leicht scherzhaft gesagt, war das einzige Unschöne, dass es mit dem 80. Geburtstag meiner Mutter zusammenfiel. Ihr hätte ich das Ganze gerne erspart. Aber das war auch das Einzige, was mich emotional berührt hat. Die beste Beschreibung findet sich in dem Buch von Michael Jürgs über den ‚Tag danach'.«

*****

»Wenn du dich dann wegbeugst, bist du ein Waschlappen.« **Kurt Beck**, Jahrgang 1949, war von 1994 bis 2013 Ministerpräsident in Rheinland-Pfalz und von 2006 bis 2008 SPD-Bundesvorsitzender. Von diesem Amt trat er aufgrund einer Indiskretion zurück, sein Amt als Ministerpräsident legte er später aus gesundheitlichen Gründen nieder.

»Als ich mein Ehrenamt als SPD-Parteivorsitzender abgab, hatte das knallharte Gründe. Es war eine Entscheidung, die ich in einer Nacht getroffen habe, weil bestimmte Vorgehensweisen bei der Frage, wer Kanzlerkandidat der Partei wird und wer den Vorschlag dafür macht, durch Indiskretionen gegenüber der Presse unterlaufen worden waren. In solchen Momenten muss man als Politiker schnell entscheiden und handeln. Denn eigentlich war alles vorbereitet und mit allen Beteiligten gründlich besprochen. Es gab am Schwielowsee eine Konferenz aller Parteigremien. Die war für den Sonntagmorgen angesetzt. Dort sollten die entsprechenden Vorschläge gemacht und dann auch formal entsprechend beschlossen werden. Und dann habe ich im *heute-journal* des *ZDF* am Samstagabend meine Vorschläge von Dritten gehört. Das war der Auslöser. In dem Moment war mir klar, dass damit ein Ur-Recht des SPD-Vorsitzenden bestritten wurde. Es ist der Parteivorsitzende, der das Vorschlagsrecht hat. Dass ich selbst nicht Kanzlerkandidat werden wollte, war ja besprochen. Auch, dass Frank-Walter Steinmeier es machen sollte. Die Frage, wie so etwas entschieden und kommuniziert wird, hat mit Führung zu tun. Sie können ja niemanden in ein Parteigefängnis stecken. Daher muss die Führung anerkannt und akzeptiert sein. Und genau das wurde durch das »Durchstechen« der Information infrage gestellt. Das ist der Lackmustest auf Führung. Wenn eine Basisbefragung gemacht worden wäre, dann hätte das alles anders ausgesehen. Aber so kann man sich nur mit dem Argument durchsetzen, und wenn dann bewusst ein solches Zeichen gesetzt wird, muss man wissen: Das ist der Punkt! Wenn du dich dann wegbeugst, bist du ein Waschlappen. Mir war in den Moment sofort klar: Ich ziehe Konsequenzen!

Allerdings habe ich meine Entscheidung in der Nacht dann nochmals überprüft, obwohl sie direkt feststand. Früher beim Rechnen hätte man gesagt, man macht die Gegenprobe. Ist es nur Ärger und Verstimmtheit oder ist es wirklich eine notwendige Reaktion? Ich habe in der Nacht, glaube ich, gar nicht geschlafen und dabei mit vielen Leuten telefoniert. Da drängen einen immer viele, dass man bleibt. Doch hat man erst einmal die Grundentscheidung getroffen, kann man – zumindest ging es mir so – sehr rational mit dem Für und Wider umgehen. Ich habe dann einen Spickzettel mit Pro- und Kontraargumenten aufgeschrieben: die Partei, die Mitarbeiter – viele Dinge spielen dabei eine Rolle. Auch die Frage: Kannst du dein Hauptamt – ich war ja gerade mit absoluter Mehrheit zum Ministerpräsidenten gewählt worden – nach einem solchen Schritt weiter ausüben? Und wenn ja, unter welchen Umständen? Das ist schon ein Überlegungsprozess. Aber die Grundentscheidung war mir eigentlich sofort klar. Und das ist auch wichtig: Wenn Sie warten, bis jemand das erste Mal einen Kommentar schreibt, in dem gefragt wird: ‚Wie will der seine Partei noch führen? Auf den hört doch keiner mehr …‘, dann geht das an die psychische Substanz. Daher musste ich auch aus Selbstschutz handeln. Und auch aus Schutz für das Amt. Letztendlich habe ich nur einen Fehler gemacht: Ich habe damals meinen Spickzettel mit den Pro- und Kontraargumenten zerrissen und die Toilette hinuntergespült. Ich war allein in unserer Wohnung und dachte: Das sollte ich jetzt nicht rumliegen lassen. Hinterher habe ich gedacht: Das war blöd. Denn sonst hätte ich jetzt noch alles zusammen.«

*****

»Als die Entscheidung gefallen war, ging es mir sehr gut.« **Matthias Platzeck**, Jahrgang 1953, war von 2002 bis 2013 Ministerpräsident von Brandenburg. Von November 2005 bis zum April 2006 war er zudem Bundesvorsitzender der SPD. Von beiden Ämtern trat er vorzeitig zurück.

»Letztendlich bin ich zweimal aus gesundheitlichen Gründen zurückgetreten, allerdings waren die Situationen, erstens, eine jeweils andere und, zweitens, lagen lange Jahre dazwischen. Ich habe mich beim zweiten Mal auch nicht direkt daran erinnert gefühlt, obwohl es natürlich ein paar Parallelen gab. Aber eben auch diverse Unterschiede. Das ging schon damit los, dass ich nach dem plötzlichen Rücktritt von Franz Müntefering im Jahr 2005 sozusagen über Nacht in die Position des SPD-Parteivorsitzenden gekommen war. Wir befanden uns gerade in den Verhandlungen über die erste Große Koalition seit den 60er-Jahren, insofern war klar, dass man da keine Luft ranlassen durfte. Es war klar, dass wir uns schnell wieder finden mussten, um Tritt zu fassen. Und das habe ich dann mit aller Kraft versucht – und mich dabei übernommen. Ich hatte mit Brandenburg ein Land in damals schwieriger Lage zu regieren und parallel die Partei, verwundet nach der Wahlniederlage und gleichzeitig in neuen Wahlkämpfen zum Beispiel in Baden-Württemberg und Rheinland-Pfalz. Dann hatte ich einen ersten Hörsturz, kurz danach einen zweiten, dann fing mein Kreislauf an zu spinnen, so dass ich ins Krankenhaus musste. Und da sagte mir der Arzt: ‚Entweder entscheiden Sie sich für das eine, oder das andere. Beides geht ansonsten vor die Wand.‘ Dann geht man in den Familienrat und mit sich in Klausur. Letztlich habe ich mich für Brandenburg entschieden. Mir hat das sehr viele graue Haare gebracht, da ich das Gefühl hatte, der Verantwortung nicht gerecht geworden zu sein. Aber es ging halt nicht mehr anders.

Bei meinem zweiten Rücktritt hat es ein bisschen länger gedauert. Auch deshalb, weil ich an dem Tag, als es passierte, erst dachte, dass jetzt alles vorbei sei. Nach dem Schlaganfall konnte ich nicht mehr gehen und nicht mehr sehen. Doch nach fünf, sechs Tagen kam vieles wieder zurück. Deshalb dachte ich noch: Wenn sich das so schnell wieder repariert, dann ist es ja noch kein Weltuntergang. Doch als ich da lag, machte ich mir schon so meine Gedanken. Es kamen die Kinder zu Besuch, die teilweise ja selbst Ärzte geworden sind und die einem dann auch deutlich Dinge ansagen. Eine meiner Töchter meinte beispielsweise: ‚Du hast jetzt fünf Landesregierungen angehört, wenn du der sechsten nicht mehr angehörst, dann brennt in diesem Land nichts an. Glaub nicht, dass du unentbehrlich bist.‘ Das waren klare und deutliche Sätze, die einem auch nicht mehr aus dem Kopf gehen. Und dann bin ich mit meiner Frau in die sächsischen Weinberge gefahren, zum Nachdenken und innerlichen Reinemachen. Da habe ich mich an meine beiden Großväter erinnert, die mir damals zwei Dinge mit auf den Weg gegeben hatten: Wenn du Verantwortung übernimmst, dann tu es mit Haut und Haaren. Und gleichzeitig frag dich jeden Morgen, ob du alle Voraussetzungen mitbringst, dieser Verantwortung gerecht zu werden. Bei der zweiten Frage wurde mir klar, dass ich diese Voraussetzungen nach dem Schlaganfall nicht mehr erfüllen konnte. Letztendlich würden alle bei jedem Vorkommnis ganz genau hinschauen. Bis zu dieser Entscheidung war es für mich nochmal dramatisch, weil mein Lebensplan ja eigentlich anders aussah und ich den Ehrgeiz hatte, noch ein paar Dinge abzuliefern. Aber als die Entscheidung in den Weinbergen in Sachsen gefallen war, ging es mir sehr gut. Und dann habe ich eine Art Abschiedsreise durch das Land gemacht und gedacht: Vielleicht hat der liebe Gott dir einen Fingerzeig zur richtigen Zeit gegeben, und es wäre in späteren Jahren ganz anders gewesen. Jetzt ist es so, dass ich mich überall sehen lassen kann und innerlich nichts entbehren muss. Es ist von daher eine Fügung gewesen, die ich selbst nicht beeinflusst habe, die sich am Ende aber als eine gute Fügung herausgestellt hat.«

*****

»Wenn man eine leitende Position zu lange ausübt, besteht die Gefahr, dass man sich selbst irgendwann heiligspricht und damit die notwendige Bodenhaftung verliert.« **Hartmut Mehdorn**, Jahrgang 1942, ist ein Industriemanager und war in 29 von 50 Berufsjahren in Vorstandspositionen verschiedener Unternehmen tätig: Er war Mitglied im Vorstand der *DASA*, der *RWE AG*, Vorstandsvorsitzender der *Heidelberger Druckmaschinen AG*, der *Deutschen Bahn AG* sowie Interim Chef von *Air Berlin* und des *Flughafens Berlin Brandenburg GmbH*. In seiner Zeit bei der Bahn wurde mehrfach sein Rücktritt gefordert.

»Ich habe mich in diesen Jahren immer mit der Aufgabe, nie mit dem Ende befasst. Allerdings wurde mir mit zunehmendem Alter bewusst, dass ich bei sogenannten Führungskräftetreffen, wenn ich über Langzeitstrategien von zehn bis fünfzehn Jahren sprach, hinter den glänzenden Augen der Führungskräfte die Erkenntnis sehen konnte: Das ist ja dann gar nicht mehr unser Chef. Dann stellt man sich automatisch die Frage: Warum erzählst du etwas, was du selber gar nicht mehr aktiv begleiten kannst? Vielleicht ist das nur meine Sicht der Dinge, aber es gibt dann Themen, bei denen man eine Akzeptanzgrenze erreicht. Auch habe ich Nachwuchskräften auf Fragen immer den Rat gegeben, in ihrer Karriere zu versuchen, sich laufend zu verändern. Wenn es geht, natürlich zu verbessern. Dabei galt für mich die Formel: Im ersten Jahr der Aufgabe lernen, im zweiten Jahr ausfüllen, helfen und dienen, im dritten die Führungsaufgabe voll ausfüllen. Und ab dem vierten Jahr dann offen für neue Aufgaben im und außerhalb des Unternehmens zu sein. Dieser Drang hat Vor- und Nachteile, in jedem Fall muss man mehr arbeiten als andere, hat Stress mit der Familie und es birgt die Risiken des Scheiterns in sich. Darüber hinaus hat man, wenn man Führungsanspruch hat, die Pflicht, als Vorbild für junge und alte Mitarbeiter zu handeln. Das gelingt einem nicht immer, aber der Wertekanon eines Vorgesetzten ist dafür ein Muss. Das heißt, dass man als Erster und Letzter im Büro zu sein hat, dass man den Dresscode zu beachten hat. Mich hat niemand je ohne Krawatte im Büro gesehen. Dazu: Zuhören, vorbereitet sein, krisenfest in allen Situationen sein, und natürlich flexibel bei Veränderungen sein.

Am Ende eines langen Berufsweges stellt sich immer die Frage des wann und wie? Und die Frage des ‚Was dann?‘. Ein kluger Philosoph hat einmal den Spruch geprägt, dass es einfach sei, ein hohes Amt zu erreichen; es wieder in Ehre zu verlassen aber sei fast unmöglich. Wenn man eine leitende Position zu lange ausübt, besteht die Gefahr, dass man sich selbst irgendwann heiligspricht und damit die notwendige Bodenhaftung verliert.«

*****

»Letztendlich braucht es häufig bei einer solchen Entscheidung wohl einen externen Impuls oder ein externes Ereignis.« **Marcel Reif**, Jahrgang 1949, ist TV-Kommentator und Sportjournalist. Seit 1984 arbeitete Reif für *ZDF*, *RTL* und den Pay-TV-Sender *Premiere*, aus dem später *Sky* wurde. Er kommentierte vor allem Fußballspiele der Bundesliga, Champions League und internationaler Turniere. Mehrfach wurde er als bester Sport kommentator Deutschlands ausgezeichnet. Im Januar 2016 kündigte er sein Karriereende als Kommentator an; sein letztes Spiel war das Champions-League-Finale 2016.

»Ich habe mir eines geschworen: Wenn ich die Spannung verliere und es Routine wird, dann hörst du auf! Denn das ist zu wichtig. Die Leute bezahlen mich schließlich. Und dieser Verdacht kam mir, als ich angefangen habe, Spiele zu gewichten. Da habe ich gemerkt, dass es bei der Ankunft im Stadion auf einmal einen anderen Aggregatzustand gab. Ich spürte, dass die Dinge möglicherweise schon gesagt und auserzählt waren. Zumindest von mir. Und als dann die Vertragsverlängerungen mit meinem Arbeitgeber anstanden, wurde mir dort auch etwas geholfen: Nach zehn Minuten hatte ich den Eindruck gewonnen, dass die Verantwortlichen einen Generationenschnitt machen wollen. Nicht so abrupt, wie es letztendlich nun durch mein Ausscheiden geworden ist, aber perspektivisch schon. Wenn da gesagt worden wäre: Wir verlängern den Vertrag jetzt um zwei Jahre unter unveränderten Bedingungen, dann hätte ich, glaube ich, nicht die Kraft gehabt, Nein zu sagen. Aber so habe ich eine Chance gesehen. Letztendlich braucht es häufig bei einer solchen Entscheidung wohl einen externen Impuls oder ein externes Ereignis. Denn: Es war ja nicht so, dass ich durchgängig die Lust an meinem Job oder meine handwerklichen Fähigkeiten verloren hätte. Es gab durchaus Spiele, bei denen ich nachher gesagt habe: Ja, so muss man's machen! Aber letztendlich fing ich doch an, Rosinen zu picken, beispielsweise das Champions-League-Finale auszusuchen. Und ich habe auch gemerkt, dass ich mich selbst zitiert habe. Darüber war ich sehr entsetzt. Ich habe mir zwar gesagt, dass das eh keiner gemerkt hat. Aber diese Gedanken, die man dann abends alleine im Hotelzimmer nach einem Spiel hat, haben ganz sicher auch dazu geführt, dass ich mir die Frage nach einem Rückzug gestellt habe. Deswegen bin ich heute über den äußeren Impuls beziehungsweise den Zwang, damals über meinen Vertrag sprechen zu müssen, dankbar. Denn letztendlich hatte ich so die Möglichkeit, mal einen Schritt zurückzutreten, einen Strich zu ziehen und abzuwägen. Erst wenn man einen solchen Schritt zurück macht, kann man in Ruhe eine Entscheidung treffen.«

*****

»Ich wollte das Signal aussenden, dass unabhängig von Amt und Personen aufgeklärt wird.« **Rudolf Seiters**, Jahrgang 1937, war von 1991 bis 1993 Bundesminister des Innern und übernahm in dieser Funktion die politische Verantwortung für einen misslungenen Polizeieinsatz, bei dem der gesuchte RAF-Terrorist Wolfgang Grams sowie ein GSG-9-Beamte ums Leben kamen.

»Es gab vor dem Tag, an dem ich zurücktrat, zwei wichtige Termine: einmal die Beerdigung eines Hamburger Polizisten und anschließend eine gemeinsame Sitzung des Rechts- und Innenausschusses des Bundestages. In dieser Sitzung habe ich alle Fakten dargelegt, die mir bekannt waren. Dafür habe ich nur Lob erfahren, keine Kritik. Es wurde auch gewürdigt, dass ich mit dem Präsidenten des Bundesverwaltungsamtes einen parteipolitisch Unabhängigen damit beauftragt hatte, die Geschehnisse zu untersuchen. Im Anschluss bin ich also nach Hause gefahren, ohne an einen Rücktritt zu denken. Doch dann überschlugen sich die Ereignisse: *Der Spiegel* und das *ARD*-Magazin *Monitor* berichteten von einer, wie sie es formulierten, »Hinrichtung durch die Polizei«. Danach gab es eine intensive Diskussion in allen Medien über die Möglichkeit der staatlichen Exekution in Deutschland und entsprechende Fragen an die Bundesregierung: Wird hier etwas vertuscht? Wo bleibt die Aufklärung? In dem Moment war mir sofort klar, dass durch die Berichterstattung eine sehr schwierige Situation entstanden war. Ich konnte die Vorwürfe zwar nicht glauben, wollte mir aber trotzdem persönlich Sicherheit verschaffen und flog daher am Sonntagmorgen nach Berlin, um mit allen Beteiligten zusammenzukommen. Zu meinem tiefen Befremden hörte ich, dass es zwei Tote und gravierende Fehler in der Einsatzleitung gegeben hatte. Hinzu kamen Fehler in der späteren Spurensicherung. Beispielsweise wurden die Waffen und Gesichter gereinigt, sodass Schmauchspuren nicht mehr nachweisbar waren. Ich fragte dann, wie man denn so schnell wie möglich andere Spuren sichern könne? Die Antwort lautete: Dafür müsse man die Spezialinstitute in Münster und Zürich einschalten. Das hätte fünf bis sechs Monate gedauert. In dieser durch die Medien aufgeheizten Situation galt es für mich abzuwägen. Ich wollte das Signal aussenden, dass unabhängig von Amt und Personen aufgeklärt wird. Hinzu kam, dass der Generalbundesanwalt dem FDP-geführten Bundesjustizministerium unterstand, weshalb ich erwarten musste, dass man sich vor den Generalbundesanwalt stellen und auf den Bundesinnenminister verweisen würde – also auf mich. Das hätte zu einem Hin- und Herschieben der Verantwortung geführt. Ich wäre sicher im Amt geblieben, wenn ich eine Chance gesehen hätte, innerhalb von zwei Wochen alle Umstände aufzuklären. Aber in der Abwägung war das andere wichtiger und richtiger. Dann habe ich mich kurz in mein Büro zurückgezogen, meine Frau angerufen und ihr gesagt, dass ich entschlossen sei zurückzutreten. Sie war darüber traurig, hat aber gesagt, dass, wenn ich das so sehe, es wohl richtig sein wird. Und alles Weitere ist ja bekannt.«

*****

»Mir war klar: Ich kann das jetzt nicht noch eine Periode hinausschieben.«
Roland Koch, Jahrgang 1958, von 1999 bis 2010 Ministerpräsident des Landes Hessen. Am 25. Mai 2010 gab Koch auf einer Pressekonferenz bekannt, dass er am 31. August 2010 von seinem Amt als Ministerpräsident

zurücktreten, sein Landtagsmandat niederlegen und alle parteipolitischen Funktionen aufgeben werde.

»Bei mir war es letztendlich eine Kombination aus externen Entwicklungen und einem inneren Antrieb: Auf der einen Seite wollte ich persönlich nicht in der Politik alt werden. Das habe ich immer schon gesagt, aber das hat mir niemand geglaubt, weil ich natürlich über Jahrzehnte Vollblutpolitiker war. Auch bei mir war es ja so, dass man die Ämter und auch die Zustimmung durch die Wähler mag. Letztendlich mündete aber die Landtagswahl 2008 in einen Unsicherheitszustand: Meine Partei hatte ja erhebliche Verluste hinnehmen müssen, und wir blieben nur in einer geschäftsführenden Regierung im Amt. Subjektiv mündete das für mich in dem Entschluss, das Amt perspektivisch abzugeben. Dann ist es uns mit Glück, vielleicht auch mit Erfahrung und Geschick gelungen, uns aus dem Zustand der geschäftsführenden Regierung zu befreien und nach der erneuten Landtagswahl 2009 wieder mit vollen Kräften und satter Mehrheit im Amt zu sein. Aber ich hatte mir in den Jahren 2007 und 2008 ohnehin, unabhängig von den Wahlergebnissen, die Frage gestellt: Wie lange willst du das eigentlich noch machen? Ich kam zwar zu keinem Ergebnis, aber dennoch war klar, dass man sich mit der Frage irgendwann beschäftigen musste. Und als wir dann 2008 auf gepackten Koffern saßen, hätte es auch anders ausgehen könne. Doch im Herbst wurde deutlich, dass es eine neue Chance gibt. Damit war klar, dass ich diese ergreife, aber auch, dass ich das überprüfen muss, wenn ich in der darauffolgenden Neuwahl nochmal gewinne. Nicht verbindlich und abschließend, um die Spannung behalten zu können, die man in einem solchen Amt braucht. Aber mir war klar: Ich kann das jetzt nicht noch eine Periode herausschieben. Von daher habe ich mich ein halbes Jahr nach der Wiederwahl hingesetzt, mir einen Kalender genommen und mit einem Bleistift ein Kreuz an einem bestimmten Tag gemacht. Das ist dann in der normalen Arbeit wieder vergessen worden. Aber als sich der Tag dann näherte, habe ich ein halbes Jahr vorher begonnen, das so zu organisieren, wie ich mir so etwas vorstelle. Das ist dann auch ganz gut gelungen.«

*****

»Ich dachte, dass ich irgendwann meine Seele verliere.« **Christian Lind-ner**, Jahrgang 1979, ist seit Dezember 2013 Bundesvorsitzender der FDP, deren Generalsekretär er von 2009 bis 2011 war. Von diesem Posten trat er aufgrund anderer Auffassungen als der Vorstand zurück:

71

»Es hat sich damals über Monate angedeutet, dass ich die politische Strategie und die Methode der Parteiführung nicht so vorbehaltlos unterstützen konnte, wie man das in meinem dienenden Amt des Generalsekretärs hätte tun müssen. Man ist zwar nie zu 100 Prozent einer Meinung, aber es muss eine gewisse Grundüberzeugung geben. Ansonsten sollte man nicht in dieser Konstellation zusammenarbeiten. Ich war ja insgesamt sieben Jahre Generalsekretär, erst in NRW, später im Bund, und habe dann die dritte Parteiführung als Generalsekretär erlebt. Ich wusste, was mein Amt bedeutet, stellte aber auch fest, dass es so nicht weitergeht. Auch das politische Umfeld spielte eine Rolle. Ich hatte keine operative Verantwortung in der Bundesgeschäftsstelle, war nicht Chef des Thomas-Dehler-Hauses, sondern eher so eine Art Sprecher. Ich war in die zentralen Regierungsentscheidungen nicht eingebunden und oft nicht einmal informiert. Das war eine Lage, in der ich fürchtete, dass ich irgendwann meine Seele verliere. Bis ich meine Entscheidung verkünden konnte, vergingen aber noch lange Wochen; denn ich wollte den Mitgliederentscheid der FDP zum Euro abwarten, bevor ich meinen Rücktritt verkünde. Hätte ich das vor-her getan, hätte ich dessen Ergebnis möglicherweise beeinflusst und meiner Partei geschadet. Am Tag nach dem Einsendeschluss des Ent-scheids habe ich dann meine Entscheidung in die Tat umgesetzt.«

*****

»Alles hat seine Zeit.« **Dagmar Reim**, Jahrgang 1951, war von 2003 bis 2016 Intendantin des *Rundfunk Berlin-Brandenburg* (*rbb*) und damit die erste Frau an der Spitze einer öffentlich-rechtlichen Rundfunkanstalt in Deutschland. Ende November 2015 gab Reim bekannt, vorzeitig aus privaten Gründen auszuscheiden und bereits Ende Juni 2016 – also zwei Jahre vor Ende der Vertragslaufzeit – ihre Intendanz aufzugeben.

»Für mich birgt das Bibelwort aus dem Buch Kohelet eine tiefe Wahrheit: ‚Alles hat seine Zeit‘. Es ist mir klargeworden, dass wir in unserem Leben nicht für alles unendlich Zeit haben. Hinzu kam noch ein Hinweis meines Sohnes, dass es nun an der Zeit sei abzutreten. Das waren schon sehr stark intrinsische Motive, die bei meiner Entscheidung eine Rolle gespielt haben. Dennoch habe ich monatelang darüber ganz allein nachgedacht. Diese Entscheidung ist mir deswegen sehr schwer gefallen, weil ich während der 42 Jahre meines Berufslebens durchgehend, aber auch gerne gearbeitet habe. Ich habe mich jeden Morgen auf meine Kolleginnen und Kollegen im Sender gefreut, die gleichermaßen enthusiastisch und kompetent waren. Mit meiner Familie habe ich darüber erst intensiv gesprochen, als ich mich entschieden hatte. Allerdings war mein Mann vom ersten Moment an einbezogen und der wichtigste Ratgeber. Wichtig war mir, den Entschluss über einen längeren Zeitraum zu prüfen, um zu sehen, ob es dabei bleibt oder ob er ein Verfallsdatum hat. Ich wollte sehen, ob das, was ich instinktiv entschieden habe, ein Verfallsdatum hatte oder nicht. Und deswegen habe ich es in Ruhe von allen Seiten betrachtet. Auch betrachten können, weil ich keinerlei Druck oder Eile hatte. Außerdem war es bei diesem Prozess hilfreich, dass ich seit mindestens fünf Jahren sogenannte ‚role models‘ beobachtet hatte, sprich Menschen, die aufhören, aufhören wollen oder aufhören müssen. Und in der Zeit habe ich gedanklich viel einfangen können, was ich gut und schlecht finde. Zum Abschluss gibt es daher noch ein schönes Gedicht von Jorge Luis Borges über das Aufhören:

,Wenn ich mein Leben noch einmal leben könnte,
im nächsten Leben würde ich versuchen, mehr Fehler zu machen.
Ich würde nicht mehr so perfekt sein wollen,
ich würde mich mehr entspannen,
ich wäre ein bisschen verrückter, als ich es gewesen bin,
ich würde viel weniger Dinge so ernst nehmen,
ich würde mehr riskieren, würde mehr reisen, Sonnenuntergänge betrachten,
mehr bergsteigen, mehr in Flüssen schwimmen.
Ich war einer dieser klugen Menschen,
die jede Minute ihres Lebens fruchtbar verbrachten.
Freilich hatte ich auch Momente der Freude,
aber wenn ich noch einmal anfangen könnte,
würde ich versuchen, nur mehr gute Augenblicke zu haben.
Falls du es noch nicht weißt, aus diesen besteht nämlich das Leben;
nur aus Augenblicken; vergiss nicht den jetzigen.
Wenn ich noch einmal leben könnte,
würde ich von Frühlingsbeginn bis in den Spätherbst hinein barfuß gehen.
Und ich würde mehr mit Kindern spielen, wenn ich das Leben vor mir hätte.
Aber sehen Sie … Ich bin 85 Jahre alt und ich weiß,
dass ich bald sterben werde.'«

»Wenn ich mal nicht mehr im Amt bin, mache ich eine Consulting-Firma auf und berate Minister, wie man möglichst lange im Amt bleibt.«

Hans-Dietrich Genscher
(der ehemalige Bundesaußenminister und FDP-Vorsitzende im Jahr 1984)

AUSBLEIBENDER RÜCKTRITT
»Nicht aufgeben, weitermachen!«

Sigmar Gabriel kennt das Papier: »Es ist ein Zettel, den Herbert Wehner an Hans-Jochen Vogel gegeben hat«, berichtet der langjährige SPD-Parteichef Anfang des Jahres 2017 im *Deutschlandfunk*, »und auf dem Zettel für Hans-Jochen Vogel stand handschriftlich von Herbert Wehner drauf: ‚Nicht aufgeben, weitermachen!'« Es ist eine Stelle in dem Interview, an der es um Zweifel geht. Um die Frage, ob man weitermachen soll. Und der ehemalige Münchener Oberbürgermeister, Bundesminister, Regierende Bürgermeister von Berlin und vor allem jahrzehntelanger Sozialdemokrat Vogel hat – den Eindruck erweckt zumindest Gabriel in dem Interview – eine neue Funktion: Rücktrittsverhinderer: »Hans-Jochen kopiert den immer und gibt ihn an Leute, von denen er den Eindruck hat, er muss ihnen Mut machen.«

Gut zureden, bestärken, unterstützen – das sind Aktivitäten, die im schnelllebigen, dynamischen, vor allem aber öffentlich diskutierten Geschäft der Politik, aber auch in anderen herausragenden Positionen in der Gesellschaft, nicht zu unterschätzen sind. Gabriel selbst hatte Vogels Zettel mal bekommen: »Peer Steinbrück auch, glaube ich«, erinnert er sich, »und andere. Also das, finde ich, ist ja auch richtig.« Bei ihm hat es zuletzt zwar nicht mehr geholfen: Zu Beginn des Superwahljahres 2017 gab Gabriel selbst seinen überraschenden Rückzug als SPD-Vorsitzender bekannt und schlug erneut die SPD-Kanzlerkandidatur aus. In dem ausführlichen *Stern*-Interview bezog er sich jedoch – Ironie der Geschichte – bei der Begründung noch einmal auf Vogel: »Ich hatte immer ein Vorbild vor Augen: Hans-Jochen Vogel«, sagt Gabriel da, »der hatte nie sich selbst vor Augen, sondern immer das Wohl der SPD. Ich hoffe, dass ich ihm gerecht werde.« Und gerade für Vogel galt: Nicht jeder Gedanke an einen Rücktritt muss richtig sein. »Man darf natürlich nicht aus der Verantwortung fliehen«, sagt beispielsweise der ehemalige Bundesaußenminister und FDP-Parteichef Klaus Kinkel.

Der Grat zwischen konsequentem und raschem Handeln und einer gesunden Wettkampfhärte, wie man sie gerade in einem strukturell von der Auseinandersetzung lebenden Geschäft wie der Politik braucht, ist oft schmal. »Verantwortung übernehmen« oder »etwas durchhalten«? Auch Rudolf Seiters, der noch heute für seinen raschen und konsequenten Abgang rund um den missglückten Polizei-Einsatz gegen RAF-Angehörige in Bad Kleinen bewundert wird, sagt: »Man muss als Politiker schon etwas aushalten können.« Denn nicht jeder Vorwurf trifft zu oder ist schwerwiegend genug, um zurückzutreten, nicht jede Situation erfordert Konsequenzen, nicht jede Person handelt gleich. Das zeigt sich wohl auch an Seiters Rückzug im Jahr 1993: Er wird bis heute immer wieder genannt, wenn die Sprache auf einen exemplarischen, respektierten und bewunderten Umgang mit einer Krisensituation kommt. Und auch die folgende Karriere – Seiters war von 1998 bis 2002 Vizepräsident des Deutschen Bundestages und ist seit 2003 Präsident des Deutschen Roten Kreuzes – gibt ihm wohl recht. Bundeskanzler Helmut Kohl hingegen lehnte Seiters Ansinnen damals ab, konnte den Schritt nicht nachvollziehen. Auch andere, wie beispielsweise Bodo Hombach, sehen die damalige Entscheidung eher kritisch: »Für mich konnte das nicht stilbildend sein«, so der ehemalige Kanzleramtsminister und langjährige Politiker, »denn sonst wäre eigentlich niemand mehr im Amt.« Und bereits wenige Tage nach Seiters Rückzug ließ sich im Juli 1993 beobachten, dass eine andere Person vielleicht auch anders gehandelt hätte: »Ich erlaube mir, diese Frage nicht zu beantworten«, sagte der neue Bundesinnenminister Manfred Kanther höflich lächelnd bei seiner Antrittspressekonferenz, als eine Fernsehreporterin von ihm wissen wollte, ob er denn »anstelle von Rudolf Seiters nicht zurückgetreten wäre«. Zuvor hatte Kanther betont, dass seinem Vorgänger »nicht das leiseste Verschulden« anzulasten sei und Seiters Rücktritt eine »äußerst honorige Entscheidung« darstelle. Die *Frankfurter Rundschau* jedenfalls bilanzierte den Auftritt so: »Manche Journalisten, die Kanthers Gesichtszüge zu deuten versuchen, während er so redet, haben das Gefühl: Der Mann wäre in diesem Fall wohl nicht zurückgetreten.«

77

Seiters selbst sieht dies – auch und gerade Jahrzehnte später – immer noch anders: Er hatte die Aufklärung, die sich über Monate hingezogen hätte, nicht selbst in der Hand, wird er nicht müde im Gespräch auf sein Motiv hinzuweisen. Daher sei es konsequent gewesen, Verantwortung zu übernehmen. Gleichsam als Beleg dafür, dass er nicht leichtfertig zurückgetreten sei, verweist Seiters auf einen anderen Vorfall: »Als ich Anfang der 90er-Jahre in der Asylfrage unter Beschuss stand, gerade nach den Vorfällen in Rostock, Solingen und Hoyerswerda, musste ich die ‚Mörder, Mörder‘-Rufe aushalten«, berichtet er. Doch damals hätte er mit der Situation selbst umgehen können: »Ich hatte das Heft des Handelns vollkommen in meiner Hand, und es standen mir Handlungsmöglichkeiten zur Verfügung. Ich konnte die Bevölkerung aufrufen, gegen Gewalt und Hetze einzustehen, ich konnte dafür sorgen, dass die Polizei der Länder Bundeshilfe bekam. Ich hatte eine ganze Reihe von Drehstellen, die ich selber in kürzester Zeit bedienen konnte«, so der damalige Bundesinnenminister. »Das war 1993 nach Bad Kleinen nicht gegeben.«

»Bei dem Begriff ‚politische Verantwortung‘ haben wir eine Unschärfe, die wir nie ganz auflösen und erklären können«, sagt auch Ex-*rbb*-Intendantin und Rücktrittsbeobachterin Reim – und genau dies bietet einen gewissen Spielraum. Gerade bei Rücktritten, die von einer Krise geprägt sind, wird oft angenommen, dass der Druck der Öffentlichkeit, also der Medien, ihn erzwungen habe. Auch betroffene Politiker sehen das gelegentlich so – und treten zurück, obwohl sie die Krise hätten durchstehen können. Dabei lässt der Druck der Medien oft bald wieder nach, manchmal führt er sogar zu einem Beileidseffekt für den Betroffenen. Entscheidend dafür, ob man eine Krise ohne Rücktritt durchstehen kann, ist – neben den inhaltlichen Gründen, also ob jemandem ein persönliches Fehlverhalten nachgewiesen werden kann – oft der Rückhalt aus den eigenen Reihen. Das trifft vor allem auf politische Ämter zu: »Ein Minister stürzt nur, wenn es die eigene Partei will«, so hat es der bayerische Ministerpräsident Horst Seehofer von der CSU einmal formuliert. »Eine Partei hat das Recht festzulegen, wer politisch noch von Nutzen ist und wer nicht«, definierte es die Grünen-Politikerin Andrea Fischer, die im Jahr 2001 von ihrer Partei gezwungen wurde, als Gesundheitsministerin zurückzutreten. Letztendlich kommt es in solchen Situation also darauf an, ob ein Politiker in der Krise aus Sicht seiner Partei schon so beschädigt ist, dass er ihr schadet. Geht sie davon aus, lässt sie ihn fallen. Oder sie glaubt, dass sie ihn dringend weiterhin braucht – dann stützt sie ihn. Das weiß auch der ehemalige hessische Ministerpräsident Koch, der sich sein gesamtes politisches Leben mit Rücktrittsforderungen konfrontiert sah: »Das finde ich ziemlich normal und das hat mich nie besonders gestört. Wenn jemand wie ich klare Kante zeigt, gehört das dazu«, erinnert er sich. »Wenn Abgeordnete mich zum Rücktritt aufgefordert haben, die mich nicht gewählt haben, fand ich das nicht besonders aufregend. Man muss gucken, was diejenigen denken, die einen gewählt haben.« Sprich: Es geht darum, den Rückhalt zu haben – in der Partei, aber auch bei den Wählern.

Dabei spielt es natürlich auch eine Rolle, wie stark der Betroffene selbst innerhalb seiner eigenen Organisation ist. Beispiele: Joschka Fischer von den Grünen blieb Bundesaußenminister, obwohl Fotos aus seiner Jugend auftauchten, auf denen er einen Polizisten verprügelte. Johannes Rau (SPD) war weiterhin Bundespräsident – trotz seiner nachträglich enthüllten Verwicklungen in die *West-LB*-Affäre als Ministerpräsident von Nordrhein-Westfalen. Manfred Stolpe (SPD) blieb trotz Stasi-Enthüllungen Ministerpräsident von Brandenburg und Manfred Wörner (CDU) trotz Kießling-Affäre Bundesverteidigungsminister. Es gab aber auch andere Konstellationen, wie beispielsweise beim CSU-Politiker Hans-Peter Friedrich. Weil er in der Kinderpornografie-Affäre um den SPD-Bundestagsabgeordneten Sebastian Edathy im Jahr 2014 Erkenntnisse der Ermittlungsbehörden weitergegeben hatte, musste Friedrich Monate später als Bundesminister zurücktreten. SPD-Fraktionschef Thomas Oppermann dagegen, der während der »Edathy-Affäre« ebenfalls mit Rücktrittsforderungen konfrontiert war, blieb im Amt – seine Partei ließ ihn nicht fallen. Die Union ließ es zu, weil Oppermann eine Schlüsselfigur der Großen Koalition war.

Eine weitere Facette in der anlassbezogenen Diskussion »Gehen oder Bleiben?« ist das gesellschaftliche und zeitliche Umfeld sowie die Akzeptanz oder das Skandalisierungspotenzial eines Vorfalls. Das zeigt sich etwa im Fall der Plagiatsdiskussionen bei Politikern. Der ehemalige Verteidigungsminister Karl-Theodor zu Guttenberg, die ehemalige Wissenschaftsministerin Annette Schavan traten deswegen genauso zurück wie Silvana Koch-Mehrin, die von ihren Ämtern als Vorsitzende der FDP im Europäischen Parlament und als Vizepräsidentin des Parlaments zurücktrat. Allen drei wurde später der Titel entzogen. Bundesentwicklungsminister Gerd Müller von der CSU, der langjährige Bundestagspräsident Norbert Lammert (CDU) und Bundesaußenminister Frank-Walter Steinmeier (SPD), der später sogar zum Bundespräsidenten gewählt wurde, blieben in ihren Funktionen. »Lammert und Steinmeier an der Grenze zum Plagiat«, schrieb die Zeitung *Die Welt* zwar, doch Konsequenzen gab es letztendlich nicht.

Die Frage »Hätte er wirklich zurücktreten müssen?« wurde wohl in wenigen Fällen so intensiv diskutiert wie bei Christian Wulff, der am 17. Februar 2012 nach 598 Tagen im Amt infolge der Affäre um die angebliche Annahme von Vorteilen als bislang jüngster Bundespräsident zurückgetreten war. Auch er selbst sah die Entscheidung später kritisch: »Der Rücktritt war falsch«, sagte er zunächst bei der Vorstellung seines Buches »Ganz oben. Ganz unten« im Juni 2014, »und ich wäre auch heute der Richtige in dem Amt.« Das Landgericht Hannover hatte Wulff wenige Monate vorher Ende Februar vom Vorwurf der Vorteilsannahme in seiner Zeit als niedersächsischer Ministerpräsident freigesprochen. Doch im Laufe der Veranstaltung korrigierte er diese Aussage: Nach der Aufnahme von staatsanwaltschaftlichen Ermittlungen gegen ihn habe er als Bundespräsident zurücktreten müssen. Das verweist auf den Punkt, an dem einer von Wulffs Parteifreunden, der ehemalige hessische Ministerpräsident Roland Koch, Parallelen zu eigenen Krisen sieht: »Ich habe in solchen schwierigen Situationen, beispielsweise in der Spendenaffäre, auch immer eine Summe von falschen und richtigen Entscheidungen gehabt«, so Koch. »Das ist Christian Wulff sicherlich auch so ergangen, dass in solchen Drucksituationen nicht alle Einschätzungen richtig sind, dass Fehler die Wellen noch einmal verstärken und es irgendwann kein Halten mehr gibt.« Allerdings gibt es aus seiner Sicht bestimmte Punkte, deren symbolische Auswirkungen mitunter zu stark sein können. So im Fall Wulff: »Die Eröffnung einer formalen Anklage oder eines Ermittlungsverfahrens, das ist im rechtsstaatlichen Sinne ein völlig harmloses Vergeben eines Aktenzeichens«, so Koch. »Aber wenn sie mich im Jahr 2000 während der CDU-Spendenaffäre angezeigt hätten, obwohl die Ereignisse vor meiner Zeit lagen und auch nur ein Ermittlungsverfahren gegen mich eröffnet worden wäre, wäre ich in der gleichen Situation gewesen.« Doch bei ihm sei es anders gelaufen: »Dort hatte ich eine Staatsanwaltschaft, die mit dem später zitierten Satz des Generalstaatsanwalts ,Wir sind hier nicht für Schicksal zuständig' gesagt hatte, wir eröffnen hier kein Ermittlungsverfahren. Das hätte man bei Wulff auch machen können, aber das hat die Staatsanwaltschaft bei ihm anders entschieden und damit Schicksal gespielt.« Mit den bekannten Konsequenzen.

Letztendlich zeigt sich hier, wie teilweise unkontrollierbar der Ausgang solcher Vorgänge sein kann und aufgrund welcher Vorfälle ein »Aussitzen« einer Krise gelingen kann oder nicht. Denn nicht ohne Grund heißt es, der Umgang mit einer Krise sei in Wahrheit oftmals der wahre Grund für einen Rücktritt, nicht die Krise selbst. Dabei kann ein gutgemeinter Zettel eines Parteikollegen wie im Fall des SPD-Politikers Vogel zwar hilfreich sein. Entscheidend ist es jedoch zumeist nicht.

»Und wenn man geht, dann muss man es richtig tun.«

Sigmar Gabriel
(über sein Ausschlagen der SPD-Kanzlerkandidatur
2017 sowie seinen gleichzeitigen Rücktritt als SPD-Vorsitzender nach über sieben Jahren an der SPD-Spitze)

UMSETZUNG
Wie trete ich zurück?

Das Wissen ist das eine, das Handeln das andere, heißt es oft. Damit ein Rücktrittsprozess in Gang kommt, ist es mitunter zwar nicht nötig, selbst zu der Erkenntnis zu kommen, dass ein solcher Schritt erforderlich ist, weil externe Ereignisse ohnehin dazu zwingen. Doch unabhängig von diesen beiden vereinfachten Konstellationen – eigene Erkenntnis oder getriebene Entscheidung – lässt sich für die praktische Umsetzung aus den Erfahrungen der befragten Persönlichkeiten einiges lernen: von der Organisation über das Timing, das Informationsmanagement, den Tonfall des Rückzugs und seine wichtige Begründung bis hin zur Nachfolgefrage und zum Rückzug in andere Gebiete.

Handeln: Schnell und konsequent

In einem Punkt sind sich fast alle einig: »Die Schritte müssen schnell gehen und dezidiert sein. Es darf nicht rumgeeiert werden«, sagt beispielsweise Ex-*rbb*-Intendantin Dagmar Reim. Der frühere Außenminister Klaus Kinkel beschreibt es so: »Die Konsequenz ist das Entscheidende. Sie können nicht lange über etwas brüten, sondern das muss schnell kommen.« Und er fügt hinzu: »Das gilt auch für Ämter in der Wirtschaft.«

In beiden Feldern, Politik und Wirtschaft, hat Roland Koch, der einstige hessische Ministerpräsident und Vorstandsvorsitzende von *Bilfinger SE*, seine Erfahrungen gemacht. »Es gibt einen allgemeinen Grundsatz, der lautet: Die erste Reaktion darf nicht zu spät und nicht sofort kommen«, meint er. Koch ist Jurist, ein Mann, der strategisch denkt. Nach dem Ausscheiden aus den beiden genannten Funktionen hat er sich als Rechtsanwalt selbstständig gemacht und sitzt im Frühjahr 2016 in seinem Eckbüro in der 6. Etage eines Bürogebäudes in der Frankfurter Innenstadt. Die roten Ledermöbel werden von der Sonne angestrahlt; Koch, blau-weiß gestreiftes Hemd, Krawatte in Gelb-Tönen, trinkt eine *Cola Zero*. »Die erste Reaktion muss eine Zeit der Konsolidierung und Analyse beinhalten«, sagt er weiter. Knapp anderthalb Stunden nimmt er sich Zeit für ein Gespräch über das Phänomen Rücktritt. Dabei wird klar, wie wichtig ein rasches, aber vor allem auch ein durchdachtes und konsequentes Handeln in solchen Situationen ist. »Da man ohnehin genügend Fehler macht, ist es unbedingt erforderlich, die Regeln zu befolgen, dass die nächsten Stunden keiner etwas unternimmt und die Lage mit den richtigen Leuten diskutiert wird«, so Koch. »Man braucht einen Plan für die nächsten Stunden.« Das sei in jedem Krisenmanagement so. Im Falle eines Rücktritts sollte dieser jedoch mit einer Strategie für die Zukunft verbunden sein.

Bei Koch waren diese Faktoren »Selbstbestimmung« und »Ziel und Zweck« fast lehrbuchartig durchdacht: Als hessischer Ministerpräsident trat er, respektiert und ohne politische Not, zurück, um einige Zeit später eben als Vorstandschef des Baukonzerns eine Karriere in der Wirtschaft zu starten. Dass er sich dort nur kurze Zeit hielt, lag auch an schlechten Ergebnissen und vor allem an zwei Gewinnwarnungen kurz hintereinander. Doch trotz eines eher kurzfristigen, durch externe Ereignisse veranlassten Rücktritts gelang Koch auch in dieser Situation ein versierter Abgang. Denn mitunter lässt sich – auch und gerade in der Krise – durch ein rasches, eigenständiges und konsequentes Handeln der Eindruck von Selbstbestimmung vermitteln. Dazu gilt es freilich schnell und konsequent vorzugehen, hat man die Zeichen erst einmal erkannt. Wie beispielsweise beim Fußballtrainer Jürgen Klopp, der nach dem Gewinn zweier Deutscher Meisterschaften sowie eines DFB-Pokals plötzlich mit seiner Mannschaft Borussia Dortmund zur Winterpause 2014 in den Tabellenkeller abstürzte. Obwohl sein Vertrag noch bis zum Jahr 2018 lief, vereinbarte Klopp im Laufe der Rückrunde 2015 seinen Rückzug zum Saisonende – und schaffte letztendlich mit seiner Mannschaft noch die Qualifikation für die Europapokal-Wettbewerbe. Durch diesen erfolgreichen selbstbestimmten Abgang wurde Klopp letztendlich wohl bei anderen Vereinen noch begehrter. Mittlerweile coacht er beim traditionsreichen FC Liverpool in der Premier League.

Organisation: Umfassend und distanziert

Allein geht es nicht, das steht für Roland Koch fest. Erst recht nicht in Krisensituationen, die einem Rücktritt mitunter vorausgehen. »Man braucht eine ausreichend belastbare, externe Begleitung, weil jeder der Betroffenen in der näheren Umgebung mit finalen Maßnahmen zu klären und die ihnen begegnende Ungerechtigkeit zu beenden versucht«, analysiert er in seinem Frankfurter Büro. »Betroffene schauen nicht auf die Alternativen und evaluieren nicht die nächsten Schritte, die andere schon im Kopf haben, sondern sind persönlich sehr voreingenommen oder wollen Dinge nicht wahrhaben und vor allem können sie sich nicht in die Lage der unbeteiligten, erstaunten Betrachter versetzen.« Sein Fazit: »Unter diesen Voraussetzungen sind Krisen schwer zu managen.«

Dabei ist es aus Kochs Sicht unerlässlich, dass vor einem solchen Schritt eine umfassende, vertrauliche Organisation steht, die zugleich aber eine gewisse Distanz hat: »Da muss ein Außenstehender das Kommando übernehmen«, sagt er. »Es verändert sich vielleicht auch, je nachdem wie weit außenstehend jemand ist. An vielen Stellen, bis hin zu aktuellen Unternehmenskrisen, hat man den Eindruck, dass diese Regeln nicht bedacht werden.« Im Falle der Bekanntgabe seines Rücktritts als hessischer Ministerpräsident im Frühjahr 2010 war die Zeit jedoch auf seiner Seite, ließen sich Schritte – wenn auch unter Geheimhaltung – sorgfältig planen: »Ich habe das konkret so gelöst, das ich zwei Wochen vorher einem sehr engen, persönlichen Mitarbeiter von mir, dem ich schon lange vertraut habe und von dem ich wusste, dass er damit umgehen kann, gesagt habe: Ich brauche jetzt Pläne, auch Zeitpläne. Ich brauche Namenspläne, wer zu unterrichten ist, dann wird das ausgearbeitet und dann genau so umgesetzt.«

Ein Umstand, dem auch Kochs ehemaliger sozialdemokratischer Kollege als Ministerpräsident aus Brandenburg, Matthias Platzeck, zustimmen würde. Platzeck trat zweimal aus gesundheitlichen Gründen zurück: erst 2006 als SPD-Bundesvorsitzender, knapp sieben Jahre später als Ministerpräsident und Landesvorsitzender. Gerade im Falle der zweiten Funktion war er Herr des Verfahrens: »Das lief alles auch sehr gut«, erinnert Platzeck sich an die Prozesse, die stattfanden, nachdem die Entscheidung gefallen war. »Der Chef der Staatskanzlei war sehr logisch veranlagt und dachte immer erstens, zweitens, drittens. Und der hat das dann abgearbeitet. Die Presse hat später anerkennend geschrieben, dass trotz der geringen Erfahrung, wir hatten ja in 23 Jahren nur einen Wechsel im Amt des Ministerpräsidenten, alles sehr geräuschlos vonstattengegangen sei.« Meist gibt es zu solchen Abläufen keine Erfahrungswerte. Da die entsprechenden Schritte höchster Vertraulichkeit unterliegen, werden sie höchstens im engsten Umfeld abgestimmt. Dieses aber wechselt – in der Regel – nach einem Amtstausch.

Das war auch bei Sabine Leutheusser-Schnarrenberger und ihrem Rücktritt als Bundesjustizministerin im Jahr 1996 so. Nachdem ihre Partei, die FDP, ihr bei der Ablehnung der geplanten akustischen Wohnraumüberwachung im Rahmen des sogenannten Großen Lauschangriffs mittels einer Mitgliederbefragung nicht folgen wollte, kündigte sie im Dezember 1995 ihren Rücktritt an: »Das geht dann sehr schnell«, erinnert sie sich über zwei Jahrzehnte später bei einem Gespräch am Düsseldorfer Flughafen. »Ich hatte auch einen Vertrauten im Ministerium, der alles genau wusste.« Zusammen hatten sie ein Handlungskonzept erstellt: »Natürlich hatten wir uns überlegt, dass am Tag der Ergebnisverkündung ich als erste meine Erklärung abgebe, damit ich die dann folgende Diskussion auch schon etwas steuern konnte«, so Leutheusser-Schnarrenberger. Die Absicht: »Ich wollte nicht reagieren, sondern agieren.« Im Anschluss an die FDP-Präsidiumssitzung, auf der das Ergebnis des Mitgliederentscheids verkündet wurde, hatte das Ministerium direkt zu einer Pressekonferenz eingeladen: »Für beide Fälle hatten wir Argumente vorbereitet«, so Leutheusser-Schnarrenberger, »was für den Rücktritt schwieriger war, denn ich wollte nicht beleidigt zurücktreten, sondern deutlich machen, was für einen Paradigmenwechsel der Lauschangriff bedeutete und dass ich diesen nicht vertreten könne.« Und so kam es dann auch. Es wurde die bestbesuchte Pressekonferenz in Leutheusser-Schnarrenbergers Leben: »Alle, die sich irgendwie dafür interessiert hatten, waren da«, erinnert sie sich, »das war dann schon sehr emotional, obwohl ich das ja alles sehr nüchtern geplant hatte.«

Timing: Überlegt, aber unverzüglich

Entscheidend für einen gelungenen Rücktritt ist es, den richtigen Zeitpunkt zu erwischen. Doch das gilt nicht nur abstrakt für die grundsätzliche Entscheidung, *im Zenit* und *vor der Krise* sich zurückzuziehen, sondern auch konkret: »Es musste Dienstag sein«, sagt beispielsweise der ehemalige hessische Ministerpräsident Koch, »weil es ein Tag sein muss, an dem die eigene Fraktion tagt.« Und die galt es vorab zu informieren. Als Koch den konkreten Tag für die Bekanntgabe seines für die Öffentlichkeit überraschenden Rücktritts wählte, sah er sich mit vielen Sachzwängen konfrontiert – unter anderem eben auch damit, als Ministerpräsident die Fraktion zu informieren: »Wenn man die Fraktion zu einer außerordentlichen Sitzung einlädt, sieht das schon völlig anders aus«, erinnert er sich. Dann wäre der Überraschungseffekt weg gewesen. Zusätzlich lassen sich noch – wenn man das Privileg hat, den Zeitpunkt frei zu wählen – weitere Faktoren berücksichtigen: »Es ist günstig, einen Tag zu haben, an dem der vorherige Tag am besten ein Feiertag ist, weil es das Risiko eines Lecks um einen Tag minimiert«, so Koch. Und weiter: »Man muss schauen, wann wieder eine Plenarsitzung des Landtags ist. Wann kann ich die Parteigremien einladen? In einem bestimmten Abstand sollte ein Landesparteitag anstehen, bei dem ein neuer Landesvorsitzender gewählt werden muss. Wie viel Zeit will ich mir nehmen, um mich quer durch das Land zu verabschieden? Ist die Sommerpause dabei oder nicht?« Letztendlich gebe es eine ganze Reihe von Überlegungen, die am Ende in seinem Fall zu dem finalen Punkt führten: »Zufällig ist am 30. August Landtagssitzung, zufällig ist das am Dienstag, entsprechend kann man am Montag eine offizielle Abschiedsfeier veranstalten und am nächsten Tag ist Landtagssitzung, und dann ist mit dem Monatsende alles vorbei«, erinnert er sich. »Das passt doch alles ganz gut, oder muss man das wieder von hinten rechnen?« Heraus kam der erste Tag nach Pfingsten, eben Dienstag, der 25. Mai 2010, als der Termin, an dem er die Entscheidung verkündete, am 31. August 2010 von seinem Amt als Ministerpräsident zurückzutreten, sein Landtagsmandat niederzulegen und alle parteipolitischen Funktionen aufzugeben. So konnte er sich in der Sommerpause verabschieden, beim Parteitag der hessischen CDU am 12. Juni 2010 trat er nicht mehr als deren Vorsitzender an, und im November 2010 kandidierte Koch dann auch nicht mehr als einer der vier stellvertretenden Vorsitzenden seiner Partei auf Bundesebene. »In meiner Erinnerung war es so, dass es ein sehr harmonischer Prozess war«, erinnert er sich, »der zu dem politischen Ergebnis geführt hat, das ich wollte.« Es sei, gerade nach einer solch langen Amtszeit, auch ein Erfolg gewesen, die Definitionshoheit zu behalten. Auch wenn die Möglichkeit, das Timing mit solchen Überlegungen zu unterfüttern, im Alltag mitunter selten ist.

Den Zeitpunkt zu finden, »das ist die höchste Kunst«, sagt auch der ehemalige brandenburgische Ministerpräsident Matthias Platzeck, »und dann eben den Vorgang so zu organisieren, und auch die ganze Arbeit im Vorfeld so gemacht zu haben, dass ein Geist vorherrscht, der einen ordentlichen Rücktritt auch ermöglicht.« Für ihn, der zweimal öffentlich zurücktrat, steht fest: »Zeitpunkt und Ablauf sind eine Kunst, weil sie auch nichts Alltägliches sind.« Doch nur in manchen Konstellationen ist der Zeitpunkt frei wählbar. Mitunter sind es externe Ereignisse, wie das Ende einer Amtszeit oder eben andere Entscheidungen innerhalb einer Organisation, die Ablauf und Zeitpunkt bestimmen. Das können Mitgliederentscheidungen innerhalb einer Partei sein, die entweder noch abgeschlossen sein müssen, wie beim Rücktritt des FDP-Generalsekretärs Christian Lindner im Dezember 2011, oder deren Ergebnis letztendlich gar Ursache für einen Rücktritt ist, wie bei Bundesjustizministerin Leutheusser-Schnarrenberger und dem sogenannten Großen Lauschangriff rund um den Jahreswechsel 1995/96. »Das geht dann sehr schnell«, blickt sie am Düsseldorfer Flughafen noch einmal zurück, entscheidend sei dann eben das schnelle Handeln gewesen. »Ich bin niemand, der sich sonst darüber Gedanken macht, Deutungshoheit und Präsenz zu gewinnen«, so Leutheusser-Schnarrenberger, »dort war es mir aber extrem wichtig, und es hat auch geklappt.«

Dieser Grundsatz gilt ohnehin: Ist man zum Rücktritt gezwungen, beginnt die Zeit zu rasen. Dann muss man unverzüglich handeln. Denn nur so lasse sich entweder die »Definitionshoheit« (Koch) oder »Deutungshoheit« (Leutheusser-Schnarrenberger) behalten, oder man bekommt noch einen letzten Respekt und erspart sich quälenden internen und öffentlichen Druck. Das galt auch für den Rückzug des damaligen Bundesinnenministers Rudolf Seiters im Jahr 1993, der nach einem missglückten Polizeieinsatz die politische Verantwortung übernahm. Zwar versuchten der damalige Bundeskanzler Helmut Kohl und auch Wolfgang Schäuble, ihn noch umzustimmen, doch Seiters Entscheidung war gefallen, wie er auch gegenüber Kohl deutlich machte: »Ich sagte ihm dann: Mein Rücktritt ist heute noch etwas wert, aber morgen kann ich mir dessen nicht mehr sicher sein. Und das hat er akzeptiert.«

Nach dieser Maxime handelte – wenn auch durch persönliches Fehlverhalten erzwungen – die evangelische Bischöfin Margot Käßmann bei ihrem Rücktritt vom Amt der Ratsvorsitzenden der *Evangelischen Kirche in Deutschland (EKD)*. Am 20. Februar 2010 gegen 23 Uhr fuhr Käßmann in Hannover mit 1,54 Promille Alkohol im Blut, wie ein Test später ergab, bei Rot über eine Ampelkreuzung und wurde von der Polizei angehalten. In den Medien wurde dieser Fall ab dem 23. Februar bundesweit thematisiert. Zwar sprach der Rat der *EKD* ihr einstimmig sein Vertrauen aus und sicherte ihr seinen vollen Rückhalt zu, falls sie sich für den Verbleib im Amt entscheide. Doch Käßmann trat, nachdem sie am 23. Februar ihren »schlimmen Fehler« bedauerte, den sie »gefährlich und unverantwortlich« nannte, am Folgetag von Bischofsamt und Ratsvorsitz zurück. Begründung: Durch ihren Fehler habe sie ihre Führungsämter beschädigt und könne diese künftig nicht mit der notwendigen Autorität ausüben. Sie wolle in der ihr eigenen Geradlinigkeit frei bleiben. Der Diskussion um ihre Promille-Autofahrt (und deren Gründe) kam sie damit zuvor. »Man kann nie tiefer fallen als in Gottes Hand«, sagte sie beim Abschied und war da bereits wieder ein Medienstar und eine Hoffnungsträgerin für viele Kirchenmitglieder.

Begründung: Plausibel und überzeugend

Marina Weisband erlebte sogar eine Umkehr ins komplette Gegenteil: »Es gab Versuche der Medien, meine erneute Kandidatur zu kolportieren«, erinnert sich die ehemalige politische Geschäftsführerin der Piratenpartei an die Schlussphase ihrer Amtszeit. Weisband sitzt in einer Bäckerei in ihrem Wohnort Münster. Draußen ist Hochsommer, Studenten schieben ihre Fahrräder vorbei. Weisband berichtet: »In einem *Spiegel*-Interview habe ich der Journalistin gesagt, dass ich nicht erneut antreten werde, woraus sie dann doch den Eindruck weitergegeben hat: Ich würde wieder antreten wollen.« Fehlende Unterstützung und Ausstattung, der Wunsch, nicht komplett in den politischen Betrieb abzugleiten und davon abhängig zu werden, sowie das noch nicht beendete Studium waren Weisbands Gründe für den Rückzug. Und dennoch: »Ich musste mich viel rechtfertigen«, sagt sie. Zwar sei die Diplomarbeit ein »angenehmes Totschlagargument« gewesen, aber ihre Erfahrung mit der aus ihrer Sicht falschen Interpretation im *Spiegel* sei exemplarisch: »Es sagt vor allem viel über die Erwartungshaltung aus, dass man freiwillig einfach nicht zurücktritt.«

Es mag trivial klingen, aber ist dennoch wichtig: Jeder Rücktritt, selbst wenn er aus völlig freien Stücken erklärt wird, braucht einen nachvollziehbaren Grund. Dieser Grund spielt eine Rolle bei der Entscheidung des Amtsinhabers, und er macht später den Rücktritt in der Öffentlichkeit nachvollziehbar. Manchmal sind es eigene Fehler, die zum Rücktritt führen. Manchmal gilt es, *politische Verantwortung* für die Fehler anderer zu übernehmen oder Druck von einer Regierung oder einer Firma zu nehmen. Manchmal liegen die Gründe weit außerhalb der Amtsführung und eher in persönlichen Verfehlungen, wie etwa beim einstigen Verteidigungsminister Karl-Theodor zu Guttenberg und seiner Doktorarbeit. Oder es sind »private Gründen«, deren Spektrum von der eigenen Gesundheit bis hin zu »mehr Zeit für die Familie« reichen kann.

Während mitunter ein Rücktritt als Erlösung, weil überfällig, wahrgenommen wird, gibt es bei einem freiwilligen oder aus privaten Gründen vollzogenen Rückzug oft nur wenig Verständnis: »Meine Entscheidung war absolut ungewöhnlich und es gab sehr viele Nachfragen: Sind Sie krank, oder jemand in Ihrer Familie? Gibt es Geschichten im Hintergrund, die wir nicht kennen?«, erinnert sich *rbb*-Gründungsintendantin Reim an ihren Abschied aus freien Stücken. »Nur ganz wenige Menschen haben gesagt: Ja, das leuchtet mir ein!« Eine Erfahrung, die auch der ehemalige rheinland-pfälzische Ministerpräsident und Ex-SPD-Vorsitzende Kurt Beck machen musste: »Wenn man sagt, ich habe gesundheitliche Gründe, wird das zumindest indirekt infrage gestellt«, so seine Erfahrung. Er sieht darin mediale Mechanismen: »So gibt es eine Nachricht, die Funken schlägt«, meint er, anstatt zu akzeptieren, dass es Menschen gebe, die ihr Amt niederlegen wollten.

Auch die Gründungsintendantin des *rbb* Reim, weiß um die Mechanismen der Medienwelt. »Alles hat seine Zeit«, so lautete ihre Begründung bei ihrem Rückzug im Jahr 2016. »Ich habe dieses Bibelzitat entgegen dem Rat mancher verwendet. Und ich habe auch großen Wert darauf gelegt, dass es keine persönlichen, sondern private, sprich: aus meinem Umfeld stammende Gründe waren.« Und damit ließ sie es auf sich beruhen: »Mehr habe ich nicht gesagt.« Anders als beispielsweise bei Monika Piel, der ehemaligen Intendantin des *Westdeutschen Rundfunks (WDR)*, wurde Reims Begründung akzeptiert. Bei Piel dagegen, die aus gesundheitlichen Gründen zu Beginn ihrer zweiten Amtszeit zurücktreten musste, war dies anders: Aus persönlichen Gründen wollte sie nicht näher auf ihre Krankheit eingehen, doch verschiedene Medien suchten nach dem vermeintlich wahren Rücktrittsgrund, so dass Piel sich – einige Monate später – in einem großen Interview gezwungen sah, doch darüber zu sprechen.

Wie sehr ein Rücktritt (und auch die abschließende Bewertung der Amtszeit) durch einen fehlenden, nicht erkennbaren oder verschwiegenen Grund überlagert werden kann, zeigen dagegen weitere Beispiele: Als Bundesfinanzminister Oskar Lafontaine (SPD) – offenbar in spontanem Zorn über Bundeskanzler Schröder – im Jahr 1999 nach nur einem Jahr im Amt aufgab, erntete er Unverständnis und Verachtung. Ähnlich war die Reaktion auf den Rücktritt von Bundespräsident Horst Köhler. Auch er gab sein Amt nach Kritik an seinen Äußerungen in der Debatte zum Afghanistaneinsatz der Bundeswehr im Jahr 2010 überraschend auf, was viele Beobachter nicht nachvollziehen konnten: »Überzeugend sind diese Gründe nicht«, sagte damals beispielsweise Stephan Detjen, einst Chefredakteur des *Deutschlandfunks*, »das Amt ist ja nicht beschädigt worden. Es hat eine Diskussion gegeben über eine Äußerung des Bundespräsidenten, das ist etwas ganz Normales.« Köhler selbst musste sich in der Folgezeit immer wieder dazu äußern, erstmals etwa ein Jahr danach: »Ich bin zurückgetreten, um Schaden vom Amt abzuwenden«, argumentierte Köhler in der Wochenzeitung *Die Zeit.* »Die Angriffe auf mich im Zusammenhang mit meinen Äußerungen über sicherheitspolitische Interessen Deutschlands waren ungeheuerlich und durch nichts gerechtfertigt. Es war die Rede von der Befürwortung von Wirtschaftskriegen und möglichem Verfassungsbruch.« Doch allein solche nachgeschobenen Erklärungen – wie eben auch bei Ex-*WDR*-Intendantin Piel – zeigen die Bedeutung einer guten Begründung. Und zwar direkt.

Informationsmanagement: Von innen nach außen

Es war die Zeit, bevor das Handy zum Massenphänomen wurde – und jeder dauerhaft erreichbar war. »Ich habe ihn zwei Stunden lang versucht zu erreichen«, erinnert sich Seiters an jenen Tag im Jahr 1993, als er dem Bundeskanzler seinen überraschenden Entschluss mitteilen wollte. Denn: »Ohne den Regierungschef tritt man ja auch nicht zurück.« Doch Helmut Kohl ging spazieren, im Pfälzer Wald. Letztendlich war Seiters dann doch erfolgreich – und konnte seinen Rücktritt nach einigen weiteren Telefonaten einreichen.

Mit wem muss man sprechen? Wer kann den Rücktritt akzeptieren? Wen informiert man – intern wie extern? Und wann? Und wie lässt sich erst Vertraulichkeit wahren, aber dann eine kontrollierte Informationspolitik sicherstellen?

Wichtig ist zu Beginn vor allem eines: Vertraulichkeit. Das lässt sich durch möglichst wenige Mitwisser oder gar einsame Entscheidungen gewährleisten. Der ehemalige Bundesaußenminister Kinkel sprach mit seiner Frau, seinem besten Freund, aber auch mit engen Mitarbeitern, denen er sehr vertraute. Andere haben den Kreis enger gezogen: »Ich habe meine Frau und meinen Sohn an den Tagen informiert, bevor es dann endgültig soweit war«, erinnert sich der ehemalige rheinland-pfälzische Ministerpräsident und einstige SPD-Vorsitzende Beck, »aber ansonsten habe ich mit niemandem wirklich drüber geredet.« In einer solchen Kon-

Rücktritte in der Praxis

stellation ist Vertraulichkeit fast garantiert. Ähnlich war dies bei fast allen Gesprächspartnern, auch bei Reim: »Ich habe zunächst mit meiner Familie gesprochen, auf die ich mich verlassen kann.« Ohnehin gilt das persönliche Umfeld häufig als guter Sparringspartner für eine Entscheidung. »Man muss das auch mit anderen reflektieren«, sagt die ehemalige *rbb*-Intendantin. »Es müssen Menschen sein, die einen nicht als Amtsperson, sondern als Mensch sehen. Menschen, die in keiner beruflichen Abhängigkeit stehen.« Neben der Bedeutung der Entscheidungsfindung gibt es wohl auch einen Anspruch der Familie und des persönlichen Umfelds, bei der Entscheidungsfindung mitgenommen zu werden. Zumindest sollte ihr das Gefühl gegeben werden. Allerdings gefährdet Mitwisserschaft die Vertraulichkeit: »Die einen reden aus Gutwilligkeit, und man kann auch nicht ausschließen, dass andere aus nicht gutwilligen Gründen darüber reden«, sagt beispielsweise Beck. »Der andere macht sich Sorgen, und so gibt es viele gute Gründe.« Gerade bei herausragenden Positionen besteht diese Gefahr immer.

Im Anschluss an den Entscheidungsprozess, gilt es, sich ein Konzept zu überlegen, wie Reim erinnert: »Dann habe ich mir einen Plan gemacht, wie das mit wem und wann zu kommunizieren sein wird«, sagt sie. Diesen Plan hätte sie minutiös eingehalten, und das habe ganz gut geklappt: »Konkret habe ich mich gefragt: Wann müssen es die Leute erfahren, die mich in dieses Amt gewählt haben? Das sind dann der Rundfunkrat, der Verwaltungsrat und meine engsten Mitarbeiterinnen und Mitarbeiter. Dann das Haus, das ich führe, und dann die Öffentlichkeit.« Eine solche erst interne und dann externe Kommunikation ist wichtig. Konkret hängt es von der Position, der daraus resultierenden Anzahl der zu Informierenden sowie dem zur Verfügung stehenden Zeitfenster ab.

Dieser Druck gilt immer – und manch einer möchte sein Umfeld auch davor schützen. So beispielsweise Roland Koch: »Vor allem in den 48 Stunden vor der Bekanntgabe muss gearbeitet werden«, erinnert er sich. Um das zu organisieren, sprach Koch mit seinem engsten Vertrauten in solchen Belangen, dem damaligen Regierungssprecher Dirk Metz. Aber »erst zu einem Zeitpunkt, wo nicht mehr viel dazwischenlag, um auch ihn nicht zu belasten«, so Koch. Ohnehin sei so etwas spürbar, aber eben nur abstrakt, nicht konkret: »Natürlich wusste er von meinen Überlegungen und hat auch gespürt: Irgendwann macht der das. Aber wann, wusste er nicht.« Als es so weit war, bereiteten Koch und Metz einen Kommunikationsplan vor: »In den 48 Stunden vorher müssen Sie Koalitionspartner, Fraktion und andere enge Weggefährten informieren, die auch agieren mussten und die es nicht über andere Wege erfahren sollten«, so Koch. »Und selbstverständlich habe ich dann auch Tage vorher mit meinem Nachfolger gesprochen, um ihn darauf hinzuweisen, dass er jetzt eine Entscheidung treffen muss, die wir dann am gleichen Tag während des Ablaufs bis zum späten Abend umgesetzt haben.« Es ist ein kleiner, stiller Sieg, »wenn wir entscheiden, wann was kommuniziert wird und sonst niemand«.

Häufig ähneln solche Abläufe einander – nur die Protagonisten sind andere. Minister sprechen mit dem oder der Bundeskanzlerin, Vorstandsvorsitzende mit dem Aufsichtsrat. Reihenfolge und Anzahl der Personen variieren, doch das Prinzip bleibt gleich: Man muss möglichst schnell und umfassend von innen nach außen kommunizieren. Oder, wie es Beck formulierte: »Ich habe das im Leben immer so gemacht, solche Entscheidungen an einem Tag allen Parteigremien und der Öffentlichkeit verkündet«, erinnert er sich. »Zuerst den Parteigremien, dann der Fraktion und dann vor die Presse gegangen und gesagt: So ist es jetzt. Und so war es dann auch.«

Von einem seiner Nachfolger wurde es jedoch anders gehandhabt: Als Sigmar Gabriel Ende Januar 2017 seinen Anspruch auf die SPD-Kanzlerkandidatur, vor allem aber seinen Rücktritt als SPD-Parteivorsitzender bekanntgab, hatte er zwei Journalisten von vornherein an seinem Entscheidungsprozess teilhaben lassen: *Stern*-Chefredakteur Christian Krug sowie Bernd Ulrich, stellvertretender Chefredakteur der Wochenzeitung *Die Zeit*. Gabriel, so wohl sein ursprünglicher Zeitplan, wollte, um diese wegweisende Entscheidung bekannt zu geben, an einem Dienstag die Bundestagsfraktion unterrichten, danach vor die Presse treten, bevor am Abend dann beide Blätter mit ihren Vorabmeldungen beziehungsweise in den folgenden Tagen erscheinen würden. Das mutmaßliche Kalkül dahinter: In einer unübersichtlichen, schnelllebigen und kurzweiligen Mediengesellschaft, die von unzähligen Veröffentlichungs- und Kommentierungsmöglichkeiten nicht zuletzt in den sozialen Netzwerken geprägt ist, gilt es auch, mit seiner Begründung durchzudringen, wie *Stern*-Chefredakteur Krug bestätigte:»Das Gespräch mit Sigmar Gabriel ist ja auch ein bisschen ein Vermächtnis-Interview«, sagte er in der *Frankfurter Allgemeinen Zeitung*,»das wollte er nicht zwischen Tür und Angel führen, sondern bedacht für diesen Moment. Das wollte er sich nicht aus der Hand nehmen lassen. Darauf hat er geachtet.« Das Dilemma dahinter: »Einerseits sucht man sich Medien aus, die groß genug sind, um Gehör zu finden«, so Krug,»auf der anderen Seite muss man darauf vertrauen können, etwas sagen zu können, ohne sofort mit dem Rücken an der Wand zu stehen.« Aus Krugs Sicht habe es funktioniert. Und auch innerhalb der SPD gab es – bei allem Groll – Verständnis dafür, wie die NRW-Ministerpräsidentin und einstige Gabriel-Stellvertreterin Hannelore Kraft zwei Tage nach der Entscheidung bestätigte:»Dass er natürlich auch gerne, ich sage mal, das selber kommentieren und begründen möchte in einem längeren Artikel, dafür habe ich Verständnis«, sagte sie im *Deutschlandfunk*. »Dass es allerdings vorher rausgekommen ist, das war eine Indiskretion, die er da sicherlich nicht zu verantworten hat.« Der kleine stille Sieg, von dem Koch gesprochen hat, war Gabriel – bei aller Überraschung – dann doch nicht bis zum Letzten vergönnt gewesen.

Rücktrittserklärung: Stilvoll und prägend

Ob frei vorgetragen oder vorformuliert vorgelesen: Wer zurücktritt, sollte diesen Moment so gestalten, dass die Öffentlichkeit ihm persönlichen Respekt zollen kann. Und dazu gehört, wenn möglich, eben auch ein persönlicher Auftritt. Dessen Bedeutung ist nicht zu unterschätzen, unterstreicht er doch einen aufrechten Abgang – und keine Flucht. Denn es sind Bilder, die in Erinnerung bleiben. Das wusste auch Leutheusser-Schnarrenberger bei ihrem Rücktritt als Justizministerin nach dem verlorenen Mitgliederentscheid über den sogenannten Großen Lauschangriff. Sie wollte als Erste in der Diskussion danach den Ton setzen. Sie hatte sich aber auch überlegt, welchen:»Ich wollte nicht beleidigt zurücktreten, sondern deutlich machen, was für einen Paradigmenwechsel das bedeuten würde, und dass ich diesen nicht vertreten könne.« Damit sie schnell handlungsfähig war, hatte sie für beide Fälle die Argumente vorbereitet. Und auch Koch gelang bei seinem zweiten, eher extrinsisch motivierten Rücktritt, nachdem er als Vorstandsvorsitzender des Baukonzerns *Bilfinger SE* das Vertrauen verloren hatte, ein offensiver Abgang: »Wir haben zwar gesagt, dass wir das schnell regeln müssen«, erinnert er sich. Doch es sollte – wie vielerorts in der Wirtschaft üblich – kein Abgang durch die Hintertür werden, bei dem das Büro zum Zeitpunkt des Erscheinens der Pressemitteilung bereits verwaist ist. »Das bedeutete, dass wir am Montag in den Gremien geredet haben und ich dann am darauffolgenden Freitag gegangen bin«, so Koch rückblickend. »Da habe ich dann noch mit den 300 Leuten der Zentrale am Freitagnachmittag Kaffee getrunken.« In der letzten Woche habe er alles geregelt, »sodass ich mich auch da mit einer gewissen Fröhlichkeit vom Pförtner verabschieden und sagen konnte: Das machen jetzt andere.«

Gerade der Abschied von den Mitarbeitern darf nicht unterschätzt werden: Zum einen als Zeichen nach außen, zum anderen, weil ein solcher Schritt auch für diese Konsequenzen hat – und es damit einen besonderen Erklärungsbedarf gibt. »Es war mir schon klar, dass ein Rücktritt bei vielen Mitarbeitern im Bundesinnenministerium und den nachgeordneten Behörden mit Traurigkeit und Unverständnis verstanden werden würde«, sagt beispielsweise auch der einstige Bundesinnenminister Seiters. »Das habe ich bedacht und es in die Abwägung miteinbezogen.«

Einfach, klar, umfassend, aber doch prägnant sollte eine Erklärung sein – und doch persönlich. Ohnehin ist es zumeist ein einfacher Dreiklang: Entscheidung, Begründung, Dank. Damit wird der Ton gesetzt, wie es Seiters in seiner Erklärung vom 4. Juli 1993 beispielhaft gelungen ist:

»Ich trete heute als Bundesminister des Inneren zurück.

Im Zusammenhang mit dem polizeilichen Einsatz in Bad Kleinen und seiner Aufarbeitung sind offensichtlich Fehler, Unzulänglichkeiten und Koordinationsmängel innerhalb von Bundesbehörden deutlich geworden. Es gibt in Deutschland zu Recht den Begriff der politischen Verantwortung. Wer soll diese politische Verantwortung übernehmen, wenn nicht ein Minister?

Persönlich habe ich mir nichts vorzuwerfen. Ich habe weder falsche Entscheidungen getroffen, noch der Öffentlichkeit oder dem Parlament Informationen vorenthalten, sondern im Gegenteil Anordnungen getroffen, die alle das Ziel hatten, eine lückenlose Aufklärung ohne Ansehen von Amt und Personen herbeizuführen. Ich möchte aber weder mir noch meiner Familie eine unwürdige Diskussion zumuten, wer in dieser Angelegenheit wem Verantwortung zuschiebt, oder wer an welchem Amte festhält. Deswegen trete ich zurück – ohne Bitterkeit, zumal ich mit gutem Gewissen auf meine Arbeit als Bundesinnenminister zurückblicken kann.

Ich werde weiterhin für meine politischen Ziele im Deutschen Bundestag und in der CDU/CSU-Bundestagsfraktion arbeiten. Ich danke dem Bundeskanzler für das Vertrauen, das er mir als Chef des Bundeskanzleramtes und als Bundesinnenminister stets entgegengebracht hat. Ich habe den Herrn Bundeskanzler über meinen Entschluss heute Nachmittag unterrichtet. Der Bundeskanzler hat meinen Rücktritt abgelehnt und mich gebeten, meine Entscheidung zu überdenken. Er hat aber letztendlich – nach einem weiteren Gespräch – meine feststehende Entscheidung akzeptiert.«

Knapp 25 Jahre später erinnert er sich an diese Worte: »Ich habe mich ja auch nicht beklagt, sondern schlichtweg auf den Begriff der ‚politischen Verantwortung' hingewiesen«, so Seiters. »Ich habe weder eine falsche Entscheidung getroffen noch eine richtige verhindert, noch habe ich Informationen zurückgehalten. Ich habe schlicht alles mit der Verantwortung bei diesem einen Satz belassen.« Wichtig ist auch, mit der Erklärung keine weiteren Fragen oder Nebenkriegsschauplätze zu produzieren: »Es gab eine Diskussion, ob ich in meinen Rücktrittstext reinschreiben soll, dass ich Verletzungen erlitten habe«, erinnert sich Seiters. Doch seine Haltung war klar: »Das ging ja überhaupt nicht! Im Nachhinein kann ich mir aber schon vorstellen, dass einige Medien ein schlechtes Gewissen hatten und dann gewürdigt haben, dass ich die Medien nicht angegriffen habe.«

Nachfolgesuche: Verantwortung und (abzuwendendes) Vakuum

Es gibt zwei Personen, mit denen man sich nicht versteht, so lautet eine alte Weisheit: Vorgänger und Nachfolger. Das scheint ein Grundsatz mit

einer entwaffnenden Logik zu sein, birgt doch eine solche Konstellation fast automatisch einen Konkurrenzkampf: Wer jemandem nachfolgt, tritt in Fußstapfen und will diese zumeist übertreffen. Seine eigenen Spuren sollen aber häufig lange sichtbar bleiben. Im Rücktrittsprozess stellt sich die Nachfolgefrage zwar nicht immer – beispielsweise im Fall des Bundespräsidenten, der ausschließlich durch die in der Bundesversammlung präsenten Parteien gesucht wird –, doch häufig wird eine Amtsinhaberin oder ein Amtsinhaber zumindest gehört. Oder sogar mehr: »Ich glaube, dass ein Amtsinhaber eine große Verantwortung für seinen Nachfolger trägt«, sagt beispielsweise der ehemalige hessische Ministerpräsident Koch. Die Haltung, man sei dafür selbst nicht verantwortlich, habe er nie verstanden. Es sei eher andersherum: Gerade bei politischen Funktionen und Ämtern, die von Parteien und durch Wahlen besetzt werden, gebe es eine Art Verpflichtung, »nicht eine Situation herbeigeführt zu haben, in der der Nachfolger nicht genug Chancen hat oder die Partei das nicht verkraftet oder sonst irgendetwas passiert, was die Tatsache, dass meine politischen Freunde Gestaltungsmöglichkeiten haben, zerstört hätte«, so Koch, »nur weil ich gesagt habe, es ist genug.«

Die weitere Entwicklung – oder das Erbe – spielt natürlich auch eine große Rolle in der Nachbetrachtung und Bewertung einer Amtszeit. Aber unabhängig von diesen historischen Dimensionen macht es für einen Zurücktretenden Sinn, sich – solange es in seinem Gestaltungsbereich liegt – mit der Nachfolgefrage zu beschäftigen. Denn gerade bei öffentlichen Ämtern, erst recht in der Politik, entsteht beim Verlassen einer Position ein Vakuum, das Diskussionen befeuert und somit eine unkontrollierbare Situation schafft, jedenfalls schaffen kann. »Ich glaube sehr, dass der Amtsinhaber so etwas auch bedenken muss«, so Koch. Dabei gelte es den rechten Zeitpunkt zu finden, auch und gerade in der Frage des Nachfolgers. In Kochs Situation als hessischer Ministerpräsident hatte er sich seinen Freund und langjährigen Innenminister Volker Bouffier ausgeguckt: »Ich hatte ein sehr großes Interesse daran, dass er genug Zeit hat und zu einem Zeitpunkt in das Amt kommt, in dem das noch als normal empfunden wird und er aus dem Amt gestalterisch etwas machen kann«, erinnert sich Koch. »Er ist ja deutlich älter als ich, und ich wollte nicht zu lange in meinem Amt bleiben, um ihm einen vernünftigen Antritt zu ermöglichen.« Diese Überlegungen hätten beispielsweise bei der Suche nach einem Zeitpunkt eine Rolle gespielt. Voraussetzung für solche Gedankenspiele sind aber ein Spielraum und eine gewisse Gestaltungsmacht beim Amtsinhaber: »Wenn es von außen beeinflusst wird, können sie alle Gedankenspiele vergessen«, so Koch, »aber wenn es ein eigener Planungsprozess ist, dann sollte man ihn mit den bestmöglichen Erfolgschancen antizipieren.«

Eine Meinung, die auch Kurt Beck teilt. Als er seine Ämter in Rheinland-Pfalz niederlegte, gab er nicht nur seinen Rücktritt bekannt, sondern fügte noch einen Vorschlag für seine Nachfolge hinzu: »Meine Rücktrittserklärung habe ich verbunden mit dem Vorschlag, den ich den Gremien gemacht hatte, dass Malu Dreyer meine Nachfolgerin werden soll und Roger Lewentz neuer Landesvorsitzender wird.« So kam es dann auch. Dabei wusste Beck selbst, wie wichtig eine solche Entscheidung ist – und wie rasch und gut vorbereitet sie getroffen werden muss: »Nachdem mir klar war, dass ich mich zurückziehe und alles auf neue Gleise setzen will, kann man nicht sagen: Ich mache heute das und morgen rede ich mal über die Nachfolge«, erinnert er sich rückblickend. »Dann haben sie ein Chaos. Dann fühlen sich Gott und die Welt berufen, Vorschläge zu machen.« Seine Maxime in dieser Frage lautet erneut Schnelligkeit und Konsequenz: »An einem Tag müssen, wenn man die Öffentlichkeit informiert, vorher die Entscheidungsgremien eingebunden sein.«

Dennoch nahm auch Beck dabei Rücksicht auf seine Nachfolgerin: Nachdem er im September 2012 angekündigt hatte, aus gesundheitlichen Gründen zurückzutreten, wurde im November 2012 ein neuer SPD-Landesvorsitzender in Rheinland-Pfalz gewählt. Für Beck war klar, dass er auch als Ministerpräsident zurücktreten würde und Malu Dreyer seine Nachfolgerin werden sollte: »Malu hat mich gebeten, ihr ein bisschen Zeit zur Vorbereitung zu geben«, so Beck. Somit trat er erst nach den Weihnachtsfeiertagen zu Beginn des neuen Jahres zurück: »So haben wir es dann auch gemacht. Das war dann einfach miteinander besprochen und auch von den Abläufen her rational.«

Auch Matthias Platzeck kennt solche Wechsel: Er war nicht nur Vorgänger von Beck als SPD-Parteichef, sondern musste ebenfalls einen Rückzug vom Amt des Ministerpräsidenten sowie des SPD-Landesverbandschefs moderieren – nur eben in Brandenburg im August 2013. Innerhalb von zwei Tagen trat Platzeck, der zuvor über zehn Jahre an der Spitze der dortigen SPD sowie des Bundeslandes gestanden hatte, ebenfalls aus gesundheitlichen Gründen von beiden Funktionen zurück. »Irgendwann, nach einer gewissen Regierungszeit, schaut man sich ja schon mal um und fragt sich, wer es eigentlich machen soll«, erinnert er sich an seine Nachfolgesuche. »Erstens muss man versuchen, den wirklich richtigen Nachfolger zu finden.« Es war Dietmar Woidke, der ihm in beiden Funktionen nachfolgte. »Wir beide hatten keine unkomplizierte Vergangenheit, aber ich habe ihn sehr geschätzt.« Doch laut Platzeck gibt es in diesem Prozess noch eine weitere Ebene: »Man muss die Konstellation im Umfeld beobachten. Denn ein Wechsel bedeutet ja auch, dass man Nachbesetzungen für den Nachfolger vornehmen muss. Man muss schauen, ob die Fraktionsführung einverstanden ist. Das führt bis ins unmittelbare menschliche Umfeld, beispielsweise zu meinen Mitarbeitern. Ich kann meinen Nachfolger nicht verpflichten, alle meine Mitarbeiter zu übernehmen, aber auch die haben ihre Zukunft und ihre Familien im Blick.« Neben solchen personellen Konstellationen müsse man auch dafür sorgen, dass der Neue »inhaltlich Luft kriegt, damit er seine Themen setzen kann«. Vor allem wenn, wie im Fall Brandenburg, gut ein halbes Jahr später eine Landtagswahl anstehe. Doch gerade eine solche Situation verdeutliche die Bedeutung der Nachfolgefrage – auch für den Amtsvorgänger: »Im politischen Raum muss man immer gucken, weil es da um Macht und Einfluss geht«, sagt Platzeck. »Sie müssen schauen, dass Sie kein Desaster zwischen den Menschen hinterlassen.« Die Gefahr in solchen Rücktrittssituationen sei, dass die Spitze gehe und sich so ein hohes Nachrückpotenzial ergebe: »Wenn Menschen Politik wahrnehmen, dann gibt es verschiedene Ebenen. Wir denken ja oft, dass die oberste Ebene die programmatische wäre«, so Platzeck. »Meine Erfahrung ist, dass diese erst nachrangig kommt. Wenn Leute sich gegenseitig angiften und das

Bein stellen, hat das eine nachhaltige Wirkung auf die Bürger des Landes, weil von Politikern erwartet wird, dass sie ein Stück weit Vorbilder sind.« Deshalb sei ein weitestgehend geräuschloser Wechsel auch so wichtig: »Nicht streitfrei, aber ohne Hauen und Stechen«, wie es Platzeck formuliert. Und das gehe nur, wenn die Nachfolgefrage klar strukturiert sei.

99

Doch getreu der eingangs zitierten Weisheit, es gebe zwei Personen, mit denen man sich nicht versteht, nämlich Vorgänger und Nachfolger, bleibt, ob man nun an der Suche beteiligt war oder nicht, nur noch eines: »Es ist gut, wenn man sich als Vorgänger möglichst schnell zurück- und rauszieht«, sagt Platzeck, »und nicht als Besserwisser im Nacken sitzt.«

Rückzug: Still und glaubwürdig

24 ist eine US-amerikanische Fernsehserie, deren Ausstrahlung in Deutschland im September 2003 begann. Darin geht es um die Versuche der amerikanischen Regierung, terroristische Angriffe zu verhindern, Attentäter aufzuspüren und bis in Regierungskreise reichende Verschwörungen aufzudecken. Über acht Staffeln wurden seit dem Start produziert. Es waren solche Serien, die auch zu einem neuen Nutzungsverhalten geführt haben: Statt wie früher, in den Hochzeiten des linearen Fernsehens, Tage, mitunter sogar eine Woche auf die nächste Folge zu warten, stehen die einzelnen Folgen und Staffeln mittlerweile zum Abruf bereit – und können direkt hintereinander angesehen werden. »*24* war die erste Serie, die ich am Stück weggeschaut habe«, erinnert sich Christian Lindner. »Nach dem Rücktritt ist meine Leidenschaft für amerikanische Serien entstanden.« Letztlich waren die Umstände schuld: Lindner war gerade im Dezember 2011 auf einer Pressekonferenz im Thomas-Dehler-Haus vom Amt des FDP-Generalsekretärs zurückgetreten, saß in seiner Berliner Wohnung, konnte aufgrund des medialen Interesses nicht vor die Tür treten und fragte sich: »Was macht man nun?« Er schaute Serien.

So überzeugend, plausibel, umfangreich und auch persönlich ein Rücktritt erklärt werden sollte, so sehr muss es anschließend heißen: Rückzug – und Ruhe. Es ist klug, sich zunächst komplett aus der Öffentlichkeit zurückzuziehen. Das wusste auch Lindner Ende 2011, als er wegen unterschiedlicher strategischer Auffassungen innerhalb der FDP zurücktrat: »Ich wollte ja nicht aus der Politik ausscheiden, sondern um meine weitere politische Zukunft kämpfen«, erinnert er sich Jahre später, nunmehr als FDP-Bundesvorsitzender und Chef der FDP-Landtagsfraktion in seinem Büro im Düsseldorfer Landtag angekommen. »Nach diesem Statement habe ich mich erstmal komplett aus der Öffentlichkeit zurückgezogen, weil mir klar war, dass nun mit Steinen geschmissen werden würde.« Lindner trägt einen dunkelroten Anzug. In der eng getakteten Sitzungswoche hat er sich eine halbe Stunde Zeit genommen. Ohnehin ist sein Terminplan dichtgedrängt, denn als FDP-Bundesvorsitzender, der er im Dezember 2013 nach dem Ausscheiden der Partei aus dem Deutschen Bundestag wurde, ist sein persönliches Comeback zwar geglückt – vollendet wird es aber erst mit dem Wiedereinzug in das höchste deutsche Parlament bei der Bundestagswahl im Jahr 2017 sein. Das weiß auch Lindner, weshalb er vielerorts in der Republik unterwegs ist. Und weshalb es damals klug war, zu schweigen: »Wenn ich angefangen hätte, im Detail die Gründe für meinen Rücktritt öffentlich darzulegen, wäre noch länger noch härter geschossen worden.« Nicht nur die FDP, sondern Lindner selbst hätte womöglich Schaden genommen und ein Comeback wäre unmöglich gewesen.

Die Zeit heilt alle Wunden – oder verändert eben Konstellationen, um zurückkommen zu können. Das gilt auch und gerade für die Situation nach Rücktritten. Sei es wie bei Lindner, der aus unterschiedlichen, vielleicht auch taktischen Erwägungen aus eigener Entscheidung zurücktrat, um dann später glaubwürdig auf einer höheren Position, nämlich dem Parteivorsitz, wiedereinzusteigen, oder sei es bei Rücktritten, die infolge anderer Gründe wie bitterster Niederlagen oder eines schlimmen Fehlverhaltens erfolgten. Sofort wieder in den Mittelpunkt zu drängen oder gar mit dem eigenen Schicksal zu hadern, macht alles nur schlimmer. Das gilt für die Comeback-Chancen genauso wie für das Bild des Rücktritts und häufig auch das der vorherigen Karriere selbst.

Dabei ist ein solcher Schritt durchaus mit negativen Empfindungen und häufig mit der Aufgabe von Privilegien verbunden. »Es war ein Verlust und schmerzvoll«, erinnert sich beispielsweise Ex-Bundesinnenminister Seiters, »denn man war bisher immer überall dabei, im Bundestag, im Kanzlerbungalow, im Ministerium, und man hatte Einfluss, man konnte was bewegen.« Aus dem großen Ministerbüro kam er dann in ein kleines Abgeordnetenbüro: »Als ich dann dort die *Tagesschau* gesehen habe, das Kabinett und meinen Nachfolger, da hat es wehgetan«, sagt er. »Aber Zeit heilt bekanntlich Wunden. Und den Schritt habe ich trotz alledem nie bereut.«

Weniger vor der Wahl stand dagegen die ehemalige Bundesbildungsministerin Schavan: Sie musste aufgrund des Plagiatsvorwurfs hinsichtlich ihrer Dissertation zurücktreten. Doch Schavan bekam – wohl auch aufgrund guter Verbindungen zur Bundeskanzlerin – eben eine neue Position: Botschafterin beim Heiligen Stuhl. In ihrer neuen Aufgabe begleitet sie auch hochrangige deutsche Besucher bei ihren Visiten beim Papst. Es ist nach dem ehemaligen Bundesminister und Bundestagspräsidenten Philipp Jenninger das zweite Mal, dass eine Person aus der deutschen Spitzenpolitik in diese Funktion versetzt wurde. »Rom und dieses Amt und die damit verbundenen Aufgaben sind sehr geeignet, Abstand zu finden, neue Lebensphasen zu beginnen, gleichzeitig Erfahrung einzubringen«, sagte Schavan einmal selbst dazu in einem Interview mit dem *Deutschlandfunk*. »Ich glaube, das ist hier ein Amt, in dem politische Erfahrung, in dem überhaupt Erfahrung mit dem, was an Entwicklungen sich über Jahrzehnte ereignet hat, jedenfalls wertvoll ist.« Und natürlich ein besonders privilegierter Posten für einen Rückzug.

Distanz zum Ort, vor allem aber zum alten Wirkungsbereich ist wichtig. Für den ehemaligen Fußballkommentator Marcel Reif, der selbst im Sommer 2016 kürzertrat, zeigt sich dies geradezu meisterhaft beim ehemaligen Trainer des FC Bayern München, Jupp Heynckes. »Besser kann man nicht abtreten«, so Reif. Heynckes hatte im Sommer 2013 das Triple – Gewinn der Deutschen Meisterschaft, im DFB-Pokal und in der Champions League – geholt, zog sich dann aber zurück. »Ich stand fassungslos da, denn Jupp Heynckes war meiner Meinung nach auf dem Höhepunkt seines Schaffens abgetreten«, erinnert sich Reif. »So einen wie ihn gibt es ja nicht mehr so häufig, aber er ist nach Hause gegangen und seitdem auch gar nicht mehr so oft ins Stadion gekommen.« Und das, nachdem er als Spieler die Gründung der Bundesliga mitgestaltet, knapp 400 Bundesligaspiele absolviert und fast 34 Jahre als Trainer gearbeitet hatte. Doch im eigenen Rückzugsprozess merkte Reif, dass »es etwas sehr Banales und nichts Grandioses ist. Die simple Frage: Was mache ich dann samstags?« Eine Frage, die er zu seinem Wohlbefinden aufgelöst hat: »Ich schreibe Kolumnen, kümmere mich um ein Buchprojekt und merke dabei, dass ich mittwochs und samstags doch etwas anderes tun kann – davor hatte ich den größten Bammel, die Struktur und die Ordnung zu verlieren.«

Um die Bedeutung eines strukturierten Zeitplans weiß auch Brandenburgs Ex-Ministerpräsident Platzeck: »Ich habe mir dann andere Beschäftigungsfelder gesucht, die möglichst weit weg liegen, damit man dem Nachfolger dann wirklich das Feld komplett räumt, ohne selbst unglücklich zu werden.« Heute ist Platzeck Vorsitzender des *Deutsch-Russischen Forums e. V.*, tritt als Schlichter unter anderem im *Bahn-* oder *Lufthansa*-Tarifkonflikt auf. Eine solche Funktion ist ohnehin häufig auch ein Beleg dafür, den Absprung gut und gesellschaftsfähig geschafft zu haben: Auch die ehemaligen CDU-Politiker Heiner Geißler und Kurt Biedenkopf übten ein solches Amt aus und konnten so ihr Image als *Elder Statesmen* pflegen.

Dass es in der Rückzugsphase aber nicht nur um Schweigen, stilvollen Abgang und ein neues Beschäftigungsfeld geht, sondern auch darum, die Glaubwürdigkeit dieses Schrittes weiterhin zu untermauern, zeigt wiederrum das Beispiel von Leutheusser-Schnarrenberger. Nach ihrem Rücktritt als Bundesjustizministerin wegen der Entscheidung der Bundesregierung zum Einsatz des sogenannten Großen Lauschangriffs, der später vom Bundesverfassungsgericht gekippt wurde, blieb sie weiterhin Mitglied des Bundestages. »Dass ich mein politisches Engagement fortgesetzt habe«, erinnert sie sich, »war für die Glaubwürdigkeit meines Rücktritts ganz wichtig – auch, weil man das Thema dann nicht weglässt.« Sie sei keiner Diskussion dazu aus dem Weg gegangen, trotz übelster Beschimpfungen in Wahlkämpfen, beispielsweise durch die CSU. Doch gerade die ersten Tage seien schwierig gewesen: »Da steht man dann mit seiner Entlassungsurkunde und weiß erstmal nicht, was man tun soll, wenn man nichts organisiert hat«, erinnert sie sich. Der frühere Bundesaußenminister Hans-Dietrich Genscher lud sie an diesem Abend zum Essen ein, auch weitere liberale Größen wie Gerhart Baum und Burkhard Hirsch bestärkten sie.

Leutheusser-Schnarrenberger ging danach in den Europa-Ausschuss des Bundestages, beschäftigte sich mit Menschenrechtsfragen. »In dieser Übergangsphase ist vieles neu, weil man nun auch als Abgeordnete, nicht mehr als Ministerin vorne in Fraktionssitzungen sitzt«, sagt sie. Natürlich sei es für die Sache eine Niederlage gewesen, aber »auch in die persönliche neue Rolle zu finden, war schwierig«. Denn: In der Fraktion hatte niemand auf sie gewartet, alle Posten waren besetzt. Doch auch diese Phase, erinnert sich Leutheusser-Schnarrenberger, ging ganz gut vorüber. Entscheidend sei gewesen, dass sie sich immer weiter mit dem Thema Lauschangriff beschäftigt habe. Als der Gesetzentwurf kam, dann Gesetz wurde, legte Leutheusser-Schnarrenberger dagegen Verfassungsbeschwerde ein, mit der ihr im März 2004 vom Bundesverfassungsgericht Recht gegeben wurde. Wenige Jahre später kehrte sie als bisher erste Ministerin in der bundesdeutschen Geschichte nach einem Rücktritt in das gleiche Amt zurück: ein historischer Schritt – nicht zuletzt aufgrund eines klugen, kalkulierten Rückzugsmanagements.

»(…) Quapropter bene conscius ponderis huius actus plena libertate declaro me ministerio Episcopi Romae, Successoris Sancti Petri, mihi per manus Cardinalium die 19 aprilis MMV commisso renuntiare ita ut a die 28 februarii MMXIII, hora 20, sedes Romae, sedes Sancti Petri vacet et Conclave ad eligendum novum Summum Pontificem ab his quibus competit convocandum esse.«

»(…) Im Bewusstsein des Ernstes dieses Aktes erkläre ich daher mit voller Freiheit, auf das Amt des Bischofs von Rom, des Nachfolgers Petri, das mir durch die Hand der Kardinäle am 19. April 2005 anvertraut wurde, zu verzichten, so dass ab dem 28. Februar 2013, um 20 Uhr, der Bischofssitz von Rom, der Stuhl des heiligen Petrus, vakant sein wird und von denen, in deren Zuständigkeit es fällt, das Konklave zur Wahl des neuen Papstes zusammengerufen werden muss.«

Papst Benedikt XVI.

(Auszug aus der Rücktrittserklärung vom 11. Februar 2013)

»EIN EPOCHALES EREIGNIS«
Die Bedeutung des Rücktritts von Papst Benedikt XVI. für Kirche und Gesellschaft

Thomas Schüller stammt aus Köln. Genauso wie der Bekannte des Professors für Kirchenrecht an der Universität Münster, Daniel Deckers, seines Zeichens Redakteur und Kirchenexperte der *Frankfurter Allgemeinen Zeitung*. Beide verbindet damit nicht nur das professionelle Interesse an der Kirche und ihrer Entwicklung, sondern auch die Leidenschaft für den Karneval. Und am Montag, den 11. Februar 2013, traf beides aufeinander: Im Laufe dieses Tages – der Rosenmontagszug lief gerade durch Köln –

sickerte eine Nachricht durch, die die Welt bewegte: Papst Benedikt XVI. hatte auf einem Konsistorium in Rom seinen Rücktritt angekündigt. In lateinischer Sprache, weshalb die Bedeutung erst mit ein wenig Verzögerung realisiert wurde. Aber dann hatte die Nachricht ihre Wirkung: »Wie ein Blitz aus heiterem Himmel hat diese Versammlung ihre bewegende Botschaft gehört«, sagte Kardinal Angelo Sodano laut *Radio Vatikan*, »wir haben sie mit Fassungslosigkeit und beinahe ungläubig gehört.« Und während Vatikansprecher Frederico Lombardi danach vor die Presse trat, um zu versichern, dass der Heilige Vater nicht an einer konkreten Krankheit leide, es normale Altersbeschwerden und das Nachlassen der Kräfte seien, die der Papst »aufrichtig erkannt« habe, und er daher auf das Amt des Bischofs von Rom, des Nachfolgers Petri, das ihm durch die Hand der Kardinäle am 19. April 2005 anvertraut worden war, verzichte, verbreitete sich diese Neuigkeit auf dem ganzen Globus – und erreichte auch *FAZ*-Mann Deckers, der daraufhin den Rosenmontagszug verließ und aus dem Zug direkt Kirchenrechtler Schüller anrief: Ob ein Papst überhaupt zurücktreten könne? Das war nur eine der vielen Frage zu diesem historischen Schritt – der bis heute Fragen aufwirft. Im Folgenden ein Interview mit Thomas Schüller, Professor für Kirchenrecht am Institut für Kanonisches Recht der Universität Münster, über die Bedeutung dieser Entscheidung, seine rechtliche Grundlage, formale Begründung, Parallelen in der jahrhundertealten Geschichte des Amtes sowie Verschwörungstheorien:

Herr Professor Schüller, welche Bedeutung hatte der Rücktritt von Papst Benedikt XVI.?

»Das ist schon ein epochales Ereignis, weil die rechtlich-theoretisch vorgesehene Möglichkeit, dass ein Papst zurücktritt, nun mal realisiert worden ist. Seit dem ersten Vaticanum wurde das Petrusamt von Papst Benedikt XVI. erstmalig menschlich erlebbar gemacht und entmystifiziert. Es sollte nicht länger der Eindruck erweckt werden, der Papst sei Gott ähnlich und solle bis zum letzten Atemzug die Botschaft Gottes in die Welt bringen. Das, denke ich, ist ein epochales Ereignis.«

War dieser Schritt vorgesehen? Rechtlich möglich?

»Auch als es noch kein kodifiziertes Recht gab, war es immer schon als Möglichkeit vorgesehen. In den beiden Codizes von 1917 und 1983 ist sie ausdrücklich aufgenommen worden, mit der Besonderheit, dass der Rücktritt frei von jeglichem äußeren Druck erfolgen muss und dass er gleichzeitig keiner Annahme durch eine weitere Instanz bedarf. Ansonsten ist es so, dass man von einem kirchlichen Amt jederzeit zurücktreten darf und es an den zurückverweisen kann, der es übertragen hat. Der Pfarrer gibt das ihm übertragene Pfarramt an seinen Bischof zurück und der Bischof an den Papst. Das zeigt noch einmal die suprematiale Stellung des Papstes und dass er keine Instanz über sich hat, außer Gott selbst. Der Verzicht ist von daher nicht annahmebedürftig. Papst Benedikt hat seinen Rücktritt sehr gut vorbereitet und durchdacht. Da war zunächst eine Arbeitssitzung des Papstes mit den in Rom anwesenden Kardinälen. Dann hat er seine Rücktrittsankündigung auch auf Latein vorgetragen. In der Klausur ging es erst einmal um allgemeine Themen und Dinge des Pontifikats und anschließend hat er auf Latein genau die Formulierung aus dem Kodex verwandt und nachdrücklich betont, dass er diesen Schritt bei vollem Verstand und aus Freiheit heraus zum Wohle der Kirche vornehme. Damit war jedem, der sich kirchenrechtlich und theologisch auskennt, klar, dass er der Legendenbildung vorbeugt, dass er gezwungen wurde oder nicht mehr in der Lage war, sein Amt auszuüben.«

Warum ist das kirchenrechtlich vorgesehen? Gibt es dafür eine Erklärung?

»In den grundlegenden Normen des kirchlichen Ämterrechtes wird ausgeführt, dass ein Amt nie ‚ad aeternam‘, also lebenslang, übertragen wird, sondern dass immer auch die Möglichkeit besteht, auf ein Amt zu verzichten beziehungsweise dass man mit Erreichen eines bestimmten Lebensalter demjenigen, der einem das Amt übertragen hat, den Verzicht auf das Amt anbieten muss. Das ist von Amt zu Amt noch einmal verschieden, aber man sichert sich dagegen ab, dass der hierarchisch Obere, der das Amt übertragen hat, in der Lage ist, den Rücktritt abzulehnen. Am Beispiel von Kardinal Lehman, der zugleich Diözesanbischof war, sieht man, dass er bis zu seinem 80. Lebensjahr im Amt bleiben musste, da Kardinäle, bis sie das 80. Lebensjahr erreicht haben, den Papst wählen dürfen. Es ist spätestens seit dem ersten Vaticanum klar, dass es keine Instanz über dem Papst gibt, dass es nie wieder so etwas wie das Konzil von Konstanz geben soll, auf dem im 15. Jahrhundert drei Päpste konkurrierten und niemand wusste, wer eigentlich der Papst ist, und das Konzil daher alle drei Päpste für abgesetzt erklärte und mit Papst Martin V. einen neuen Papst wählte. Das darf es nicht mehr geben, aber es sollte dennoch bei diesem höchsten Amt theoretisch und auch praktisch möglich sein, dass ein Papst zurücktritt. Und das ist jetzt geschehen.«

Wie erklären Sie sich dann, dass es trotz der Möglichkeit sehr überraschend kam?

»Es war deswegen überraschend, weil das Papstamt in einer eher auch säkular gewordenen Kirche, wie auch bei sehr religiösen Christinnen und Christen verschiedener Kirchen, aber auch in der allgemeinen Öffentlichkeit, als einzigartiges religiöses Amt wahrgenommen wird. Die römisch-katholische Kirche ist die einzige Religionsgemeinschaft, die eine derart zentrale Figur hat, die für die gesamte Community sprechen kann. Die auch noch die institutionelle, kirchenrechtlich abgesicherte Vollmacht hat, so dass viele Menschen den Papst wirklich als Stellvertreter Christi auf Erden ansehen. Für evangelische Ohren mag dies ein unerträglicher Terminus sein, der aber schon lange in der römisch-katholischen Tradition verankert ist. Und weil er der Stellvertreter Christi ist, muss er auch bis zum letzten Atemzug in der Kreuzesnachfolge sein Leid auf die Schultern nehmen und bis zum Tod ein Papst bleiben. Das ist tief verankert im Gedächtnis der katholischen Kirche. Aktuell kamen die Eindrücke des Vorgängers hinzu, des nunmehr heiliggesprochenen Papst Johannes Paul II., der bis zu seinem Tod versuchte, sein Amt auszufüllen: mit seiner schweren Parkinsonerkrankung, mit seinen vielen weiteren Einschränkungen. Viele hatten die Bilder vor Augen, wie der Papst am Fenster des päpstlichen

Palastes beim Angelus nicht mehr sprechen konnte und doch vergeblich versuchte, irgendetwas zu sagen. Das ist für viele Menschen wahre Kreuzesnachfolge des Papstes, dies hat sich fest in ihr Bild vom Papst eingewebt. Selbst wenn er nichts mehr kann, er muss bis zum Ende durchhalten. Es spielt sich auf einer rationalen, auf einer emotionalen und auf einer im kulturellen Gedächtnis der katholischen Kirche tief eingeflochtenen Erkenntnis ab: Nämlich, dass ein Papst bis zum Ende durchhält. Das ist der entscheidende Punkt.«

Und dem wollte sich Papst Benedikt XVI. entziehen. Ist es plausibel, dass nur jemand wie er, der sich mit den kirchenrechtlichen und theoretisch-akademischen Voraussetzungen und Diskussionen auskennt, in der Lage war, diesen Schritt zu gehen?

»Wenn, dann kann es nur jemand sein, der so eine theologische Größe und einen Überblick über die ganze Kirchengeschichte hat. Und der auch darum weiß, welche Erschütterungen ein solcher Schritt möglicherweise auslöst. Der aber auch weiß, welche immense Verantwortung mit diesem Amt zusammenhängt. Einerseits die Machtfülle kennt, aber auch andererseits die gewaltigen Herausforderungen einschätzen kann. Sein Pontifikat hat einige Turbulenzen durchlaufen. Das ist eine weise, eine großartig theologische, aber auch menschliche Leistung, dass hier jemand sagt, ich bin völlig klar, habe aber nicht mehr die natürlichen Fähigkeiten, dieses herausragende geistliche Amt auszuüben. Und zwar zum Wohle der Kirche. Denn wenn der Papst signifikant in seiner Amtsausübung eingeschränkt ist, droht der Kirche Schaden, was nicht gut für sie ist. Mit dem Papst steht und fällt fast alles. Ich sage also in Freiheit und bei klarem Verstand: Ich trete zurück und ich mache den Weg frei für einen Nachfolger. Man wird wohl erst in späteren Jahrzehnten und Jahrhunderten dieses Pontifikat sachgerecht würdigen können. Ich finde es unangebracht, dies schon zu Lebzeiten zu versuchen. Das kann nie objektiv und gut sein. Ich glaube, neben all der Bewunderung für sein großes theologisches Oeuvre, wird der Rücktritt als seine wohl bedeutendste theologische Tat in die Geschichte eingehen. Das ist nicht nur eine Fußnote. Das ist ein markanter Einschnitt, eine Zäsur in der Papstgeschichte. Nachdem man das Papstamt im ersten Vaticanum im 19. Jahrhundert auf die maximale Machtfülle hin konzentriert und quasi divinisiert hat, ermöglicht Papst Benedikt XVI. durch seinen Rücktritt, dass dieses Amt wieder menschlich, lebbar wird. Wenn man nicht mehr kann, muss man das Amt nicht bis zum letzten Atemzug ausführen. Das ist ein Verdienst, die Dignität des Amtes zu stärken und nicht zu schädigen.«

Gab es in der jahrhundertealten Historie Parallelen zu diesem Schritt?

»Es gab einen weiteren deutschen Papst Coelestin V., der am 13. Dezember 1294 nach nur fünf Monaten den Rücktritt erklärte. Das war aber in einer völlig anderen geschichtlichen Situation: Ein geschwächtes Papstamt, von säkularen, politischen Interessen geleitet, ergab einen Papst, den man gar nicht ernst nahm. Er hatte erkannt, dass er kirchenpolitisch benutzt und instrumentalisiert wurde und ist wieder ins Kloster zurückgekehrt. Das ist nicht vergleichbar mit der Situation im Jahr 2013. Das ist das einzige weitere Beispiel in der Geschichte für einen Rücktritt. Aber von der historischen und theologischen Bedeutung ist der Rücktritt von Benedikt XVI. wesentlich größer und einschneidender.«

Er hat sich selbst nicht mehr in der Lage gesehen, längere Auslandsreisen zu unternehmen und damit auch länger seinen Pflichten nachzukommen. Wurde ihm diese Begründung als glaubhaft abgenommen?

»Nach dem ersten Schrecken wurde ihm das schon geglaubt. Andererseits gab es aber auch ganz viele, die diesen Papst und sein Pontifikat und seine klare theologische Profilierung sehr schätzten, auch seine liturgierechtlichen Entscheidungen, zum Beispiel, dass er den alten sogenannten tridentinischen Ritus 2007 rehabilitiert hat. Daher konnte man bei nicht wenigen treuen Anhängern von Papst Benedikt XVI. eine große Enttäuschung beobachten, da er für sie ein großer Hoffnungsträger war, der für seine Kirche stehen sollte, der viele Fehlentwicklungen korrigiert hat, der sich aber nun nach nur acht Jahren im Amt nicht auf die Kreuzesnachfolge in der Totalität einließ, wie Johannes Paul II. es vorgelebt hatte. Sondern der rational, vernünftig und theologisch tief geistig argumentierte, dass er zurücktreten müsse, damit das Amt nicht beschädigt werde. Die Enttäuschung in der großen Schar derer, die ihn schätzten und hofften, dass er in einem langen Pontifikat noch manch andere Fehlentwicklung korrigieren könnte, war schon sehr groß. Die ist bis heute sehr groß. In dem Kontext finde ich die Äußerungen seines engen Mitarbeiters, Erzbischof Georg Gänswein, theologisch unhaltbar und verantwortungslos. Gänswein hat bei einem Vortrag an der Gregoriana die These aufgestellt, dass es zwei Päpste gäbe: Einen aktiven und einen kontemplativen, der für die Kirche bete. Da merkt man, wie schwerwiegend der Verlust bei den engsten Mitarbeitern und den Leuten, denen der Papst viel bedeutete, ist. Man kann das menschlich gut nachvollziehen, aber sie sollten wahrnehmen und respektieren, dass hier jemand aus freien Stücken eine großartige Handlung vollzogen hat. Langfristig wird sich zeigen, dass es zum Wohle der Kirche und nicht zu ihrem Schaden ist.«

Zeigt sich in dieser Diskussion die Größe und Bedeutung dieses Schrittes, der wohl auch gegen die Überzeugung seines engsten Umfeldes geschehen ist?

»Genau. Erzbischof Gänswein hat in Interviews zu verstehen gegeben, dass er und auch andere um ihn herum versucht haben, Papst Benedikt XVI. davon abzuhalten. Das zeigt noch einmal die Souveränität des Papstes, der von sich selber sagte, dass die Menschenkenntnis nicht seine große Stärke gewesen sei. In diesem Punkt hat er sich auch trotz der inneren Widerstände nicht beirren lassen. Er stellte für sich fest, dass er diesen Schritt tun musste. Dabei ging es nicht um ihn, sondern um das Papstamt an sich, und damit hat er der Kirche einen sehr großen Dienst erwiesen.«

Dennoch gibt es nun einen amtierenden und einen ehemaligen Papst. Funktioniert das oder ist das mit Schwierigkeiten versehen?

»Es hat lange Zeit funktioniert, weil Benedikt XVI. sich in ein Kloster zurückgezogen hat und von einigen Schwestern großartig betreut wird und dort optimale Arbeitsbedingungen vorfindet. Er kann Klavier spielen und lesen, aber möchte theologisch nichts mehr verfassen. Das hat gut funktioniert. Die Besuche aus seiner Heimat und seiner alten Kreise funktionieren weiterhin zweifelsfrei. Neben den Irritationen durch die Äußerung durch Erzbischof Gänswein, gibt es aber eine zweite große Problematik. Er trägt weiterhin das weiße Gewand. Dies ist aber dem amtierenden Papst exklusiv vorbehalten. Hier hätte man sich gewünscht, dass ein zurückgetretener Papst in die Kardinalsgruppe zurücktritt und entsprechend die Kardinalsfarben trägt. Und sich auch nicht ‚emeritierter Papst‘ nennt, denn er ist kein Papst mehr. Wenn überhaupt, hätte man ihn als ‚emeritierten Bischof von Rom‘ bezeichnen können. Das wäre die zutreffende kirchenrechtliche Terminologie. Die Symbolik zweier Männer, die die weiße Papstkleidung tragen, ist nicht zu unterschätzen und kann zu Verwirrung bei den Gläubigen führen, wer nun wirklich der rechtmäßige Papst ist. Andererseits muss man sagen, dass Papst Franziskus ihn in regelmäßigen Abständen aufsucht und ihn zu großen Ereignissen direkt einlädt, wo er präsent, auch für die Medien gegenwärtig und in der Liturgie anwesend ist. Es gibt in seinem direkten Umfeld auch einige Personen, die ihn auf andere Weise in die Öffentlichkeit bringen. Wie beispielsweise in dem Interview-Buch mit Peter Seewald, in dem er sich mit Äußerungen zur Kirche in Deutschland und den allgemeinen Entwicklungen in das aktuelle kirchliche Geschehen einmischt. Das halte ich für problematisch. Eigentlich gilt ja, dass ehemalige Amtsinhaber in der Kirche, wie auch beispielsweise ehemalige Kanzler in der deutschen Politik, nichts zu tagesaktuellen Dingen mehr sagen sollen. Daran sollte sich auch ein zurückgetretener Papst halten. Es entstehen so im Moment ein paar Friktionen, aber generell klappt es ganz gut.«

Da zeigt sich, dass somit Neuland betreten wird?

»Absolutes Neuland. Das war für alle eine Überraschung. Es wusste niemand, wie damit umzugehen ist oder wie man beispielsweise einen zurückgetretenen Papst anspricht. Oder welche Kleidung trägt er? Er hat sich ja nun entschieden. Es geht deswegen gut, weil wir mit Papst Franziskus einen erstaunlichen Gegenentwurf von der Art des Habitus, von der Art der Verkündigung und den theologischen Akzentsetzungen zu seinem Vorgänger haben. Der wiederum selbst sehr souverän mit der Situation umgeht, ohne Dritten den Eindruck zu vermitteln, es gäbe Rivalitäten oder Animositäten. Ich finde es anrührend, dass Benedikt in seinem letzten Buch sagt, er hätte mit ihm nicht gerechnet. Das glaube ich ihm nicht so ganz, weil er als Jorge Mario Kardinal Bergoglio bei der Wahl von Benedikt XVI. in den ersten Wahlgängen auch sehr viele Stimmen hatte und erst dann verzichtete und nicht weiter gewählt werden wollte. Aber, das sagt Benedikt über Franziskus, dieser habe eine Nähe zum Volk, die ihm selbst gefehlt habe und die er entsprechend positiv würdigt. Diese wertschätzenden Worte helfen, die von draußen oder von engen Mitarbeitern Benedikts herangetragenen Spannungen sehr souverän aufzulösen. Es ist jedem klar, wer im Moment Papst ist und das hat Franziskus auch noch einmal bekräftigt. Verschwörungstheorien, die leider auch im deutschsprachigen Bereich, auch unter Theologieprofessoren, kursieren, wonach er von der deutschen Mafia-Kardinals-Clique gezwungen worden wäre, denen entzieht Benedikt damit den Boden und entlarvt sie als geschwätzige Zeitgenossen, die der Kirche nicht gut tun.«

Es gibt also doch noch Ansätze von Verschwörungstheorien oder auch Umdeutungen?

»Es gibt die Umdeutung, dass Papst Benedikt XVI. unter der Androhung der Veröffentlichung riesiger Skandale zum Rücktritt gezwungen worden sei. Da geht es um homosexuelle Gruppen, um Skandale rund um die Pius-Bruderschaft und andere Dinge, von denen er gewusst haben solle und deswegen er freiwillig zurückgetreten sei. Das ist eine wirklich üble Verschwörungstheorie, die aber dennoch eher ein Signal dafür ist, dass die Klientel im sehr rechten katholischen Spektrum Papst Benedikt XVI. für sich instrumentalisiert, mit Verschwörungstheorien arbeitet, um sich jetzt im öffentlich geäußerten

Ungehorsam zu Franziskus zu verhalten. Auch indem diese der Kirche nicht wohlmeinenden Personen diesem Papst testieren, er sei kein guter Theologe, er geriere sich wie ein Weltpastor. So reden sie öffentlich sehr abschätzig über den amtierenden Papst und begreifen dabei gar nicht, dass er ein luzider Theologe ist, der zum Beispiel den Heiligen Geist wieder in den Mittelpunkt theologischen Nachdenkens stellt. Dies zeigt im Übrigen die große Bandbreite und legitime Pluralität theologischer Antworten, die auch in der katholischen Kirche möglich sind und die der Inkulturation des Glaubens dienen.«

Wenn wir dann noch einmal auf die technische Seite seines Rücktritts schauen, wie er es verkündet hat, war es alles schon sehr wissentlich und sehr wohlüberlegt.

»Ja, er hat die Formulierung des Kanons auf Latein vorgenommen, er hat auf die Freiheit abgestellt und bekräftigt, dass er diesen Schritt bei klarem Verstand vornimmt, und er hat eine repräsentative Öffentlichkeit, nämlich die anwesenden Kardinäle in Rom gewählt, sodass man es im Fernsehen nachverfolgen konnte. Das sind genau die rechtlichen Kriterien, die er einzuhalten hatte. Er hat ganz genau die Uhrzeit genannt, an dem sein Pontifikat enden wird, und er hat in der Spanne zwischen Ankündigung und Flug mit dem Hubschrauber zu Castel Gandolfo noch weitere wesentliche Rechtsakte gesetzt. Er hat ganz bewusst bis zu dem Termin, an dem der Rücktritt wirksam wurde, noch seine Amtsgewalt ausgeschöpft. Das alles zeigt, wie rechtlich und auch politisch klar dieser Papst seinen Rücktritt inszeniert hat – und zwar inszeniert im guten Sinne. Er hat in dieser Zeit das Papstwahlrecht geändert. Er hat wesentliche personelle Entscheidungen getroffen und er hat seinen treuen Gefährten Georg Gänswein, den ich in der Sache oft auch kritisch betrachte, zum Bischof geweiht. Hier hat ein Papst sehr klar, strukturiert und das Ziel vor Augen die Dinge geregelt. Wie weise er vorgegangen ist, wird einem klar, wenn man sich an die Bilder vom Hubschrauber erinnert, mit dem er nach Castel Gandolfo geflogen wurde: Hier hat er auch die räumliche Distanz zu dem Machtzentrum verdeutlicht, in dem er gerade noch die Fäden in der Hand hatte. Das ist positiv zu sehen, mit welcher Klarheit hier jemand einen historischen Schritt vollzieht.«

Die Punkte, die Sie genannt haben, sollen einer Legendenbildung den Boden entziehen?

»Genau. Und es war auch dem Theologen-Papst Benedikt XVI. vollkommen klar, dass er alles dafür tun muss, durch die Klarheit seiner nachfolgenden Schritte einer zukünftigen Legendenbildung jeglichen Boden zu entziehen. Und das ist ihm auch gelungen.«

Es ist ihm aber auch gelungen, einen solchen Schritt vor der Öffentlichkeit gänzlich verborgen vorzubereiten.

»Ja, und das ist auch eine Meisterleistung, weil man ja beispielsweise durch die sogenannte Enthüllungsaffäre ‚Vatileaks‘, bei der unter anderem vertrauliche Briefe des Papstes gestohlen wurden, weiß, dass Dinge gerne kolportiert werden. Das spricht auch für den ganz kleinen Kreis um ihn herum und das spricht auch für Benedikt XVI., dass er die Kraft hatte, das wirklich bis zum letzten Moment geheim zu halten. Er wusste schließlich um die Erschütterungen eines solchen Schrittes. Anders kann man das aber auch nicht machen. Stellen Sie sich vor, das wäre 14 Tage vorher bekannt geworden. Über Tage wäre in den überregionalen italienischen Zeitungen berichtet und diskutiert worden. Das hätte das Papstamt beschädigt. Das war gut und das war auch eine Leistung, dass er es im inneren Kreis behalten und diesen Überraschungscoup gelandet hat. Und nichts anderes war es.«

Demnach ging damit auch ein sehr hohes Risiko einher. Sie haben die Möglichkeiten aufgezeigt, und Papst Benedikt läge sicherlich nichts ferner, als das Papstamt zu beschädigen …

»Absolut. Er ist damit ein hohes Risiko in der Vorbereitung eingegangen, und Sie müssen auch sehen, dass mit dem niedergeschriebenen Text die erste Möglichkeit des Kolportierens einhergeht. Er konnte sich nach den Ereignissen um seinen Kammerdiener, der vertrauliche Briefe gestohlen hatte und auch von den vatikanischen Gerichten verurteilt wurde, gar nicht mehr sicher sein, wem er vertrauen kann. Umso mehr ist es ihm gelungen, das geheim zu halten, und das spricht für die Professionalität und Souveränität dieses Mannes. Es spricht auch dafür, dass er den Laden im Griff hatte – und damit auch gegen die Verschwörungstheorien.«

Hat dieser Rücktritt eine Signalwirkung in die katholische Kirche hinein?

»Auf jeden Fall. Man sieht es bereits an Papst Franziskus, der seit Anfang zwanzig nur noch mit halber Lunge lebt und gerne kokettierend von sich sagt: Benedikts Entscheidung war eine große Befreiung und wir Nachfolger können bei nachlassenden Kräften auch sagen, wir treten zurück. Er hat eine Tür geöffnet, auch für die nachfolgenden Päpste. Und das geht noch weiter: Denn es könnte auch bedeuten, dass sich die zukünftigen Kardinäle auch auf einen jüngeren Papst, der um die 60 Jahre alt ist, bei der Papstwahl verständigen können. Bisher wirkte das Beispiel von Papst Johannes Paul II., der früh Papst wurde und daher ein sehr langes Pontifikat durchlebte, abschreckend. Aber wenn die Kardinäle bei der Wahl des neuen Papstes jetzt wissen, dass ein Papst, der sich nicht mehr in der Lage sieht, sein Amt auszuüben, zurücktreten kann, erweitert dies die Optionen für die Wahl eines Papstes. Es gibt angesichts der unbegrenzten Machtfülle des Papstes nichts Gefährlicheres für die Kirche als ein nicht mehr handlungsfähiger Papst. In der Geschichte wurde öfter der Fall diskutiert, was man mit einem sogenannten ‚Papa Haereticus‘ anfangen solle. Was macht man mit einem Papst, der plötzlich einen Schlaganfall erleidet und in keiner Weise mehr kommunizieren kann und zwanzig Jahre im Wachkoma vor sich hinlebt und keine Entscheidungen mehr treffen kann? Der Papst ernennt ja alle neuen Bischöfe. Das wäre also existenzgefährdend. Und da hat Benedikt XVI. die Tür geöffnet, dass auch andere Kardinäle, die zum Papst gewählt werden und vielleicht noch nicht so hoch betagt sind wie er, sagen können: Ich mache es, aber wenn meine Kräfte es nicht mehr zulassen, werde ich meinen

Rücktritt erklären. Es gibt Kritiker, die sagen, dass damit das letzte hohe sakrale Amt einer Religionsgemeinschaft säkular wird, wie in der Politik. Nach dem Motto: Man könne, wenn man keine Lust mehr habe und sich nicht mehr gut fühle, die Sache hinschmeißen. Das sehe ich nicht so. Es wird aber spannend bleiben in den kommenden drei oder vier Jahrzehnten, ob es das unter den nächsten drei oder vier Päpsten noch einmal geben wird. Auch die Bischöfe, die dem Papst mit 75 Jahren ihren Rücktritt anbieten müssen, können dank dieser papalen Rücktrittskultur etwas gelassener mit diesem Datum umgehen, wenn sie wissen, dass sie dem Papst nachvollziehbar begründen können, dass sie es nicht mehr schaffen, dieses anspruchsvolle Amt auszuüben. Dann können sie sich sicherlich auch auf diesen Rücktritt beziehen, da sich Papst Benedikt XVI. auch auf seine abnehmende Gesundheit bezogen hat. Damit können nun auch Bischöfe Verständnis einfordern. Ich glaube, dass hat signifikante Auswirkungen auf die Rücktrittskultur in der Kirche, besonders für Päpste und Bischöfe. Die Sorge, dass das Papstamt ein Amt wie jedes andere werde, die die Kritiker vorbringen, teile ich von daher nicht.«

Erhöht das nicht auch den Druck auf Franziskus oder andere Nachfolger, von sich aus einen Schlussstrich zu ziehen?

»Das ist in der Tat ein Punkt, den man diskutieren kann und ein ernst zu nehmendes Argument. Denkbar wäre, dass katholische Christen möglicherweise mit dem Pontifikat und seiner kirchenpolitischen Richtung nicht einverstanden sind, weil ihnen die Personalentscheidungen nicht gefallen, und dann mit Verweis auf das Alter und die Gesundheit dann die Entscheidungskompetenz des amtierenden Papstes in Frage stellen und seinen Rücktritt fordern. Erst recht in der heutigen Mediengesellschaft, in der sich inszenierte Kampagnen führen lassen, womit dem Papst möglicherweise die Fähigkeit, sein Amt auszuüben, abgesprochen und er mit Volksabstimmungen medial inszeniert aufgefordert wird, wie Benedikt doch zurückzutreten. Gänzlich auszuschließen ist das nicht. Umso mehr braucht man bei der Wahl des Papstes souveräne Persönlichkeiten wie eben Franziskus, der einen solchen Druck gut aushält und der sicher selber weiß, wann er zurücktreten muss, wenn er nicht mehr in der Lage ist, sein Amt auszuüben. Doch ganz unbegründet ist diese kritische Sichtweise also nicht.«

118

Letztendlich könnte das auch zu einer Diskussion führen, dass vielleicht eine Amtszeitbeschränkung sinnvoll sei, um den jeweiligen Personen die Entscheidung abzunehmen.

»Richtig, das kann man so sehen. Ende der 1960er-Jahre des letzten Jahrhunderts hat der junge Theologe Joseph Ratzinger, als er Professor in Tübingen war, zusammen mit Hans Küng und Walter Kasper und anderen vorgeschlagen, dass ein Bischof maximal acht Jahre mit einmaliger Möglichkeit auf Verlängerung im Amt bleiben darf. Zur Begründung gaben sie an, dass zu lange Amtszeiten insgesamt dem Amt nicht dienlich seien. Der Papst ist ja auch nichts anderes als der Bischof von Rom, natürlich mit besonderen, herausragenden Vollmachten für die Gesamtkirche. Damit würde man Päpste oder Bischöfe entlasten, wenn man ihnen eine befristete Amtszeit zubilligt und ihnen die Möglichkeit der Wiederwahl gibt, sie aber wissen, dass nach maximal 16 Jahren Schluss ist. Es ist nicht frei von Ironie, dass Papst Benedikt XVI. nun nach acht Jahren im Amt zurückgetreten ist und er es war, der als Theologieprofessor so etwas andiskutiert hat. Es wäre spannend, das aufzuarbeiten und es mit demokratischen Systemen zu korrelieren und zu schauen, welche Vor-, aber auch Nachteile es hätte, eine Amtszeitbeschränkung zu formulieren.«

Die Kritik von Walter Kardinal Brandmüller aus Österreich, der sich gegen einen päpstlichen Amtsverzicht aus persönlichen Gründen aussprach, gehört auch dazu?

»Das gehört dazu. Brandmüller darf man keine persönlichen Motive unterstellen. Er ist von Benedikt XVI. aus Dank und Respekt für seine kirchengeschichtlichen Forschungen zum Kardinal ernannt worden. Bei ihm stand die Sorge im Vordergrund, dass das Papstamt beschädigt werden könnte und dies würde ich auch immer ernst nehmen wollen. Brandmüller würde Benedikt XVI. niemals öffentlich kritisieren, weil er ihm viel verdankt, wie auch umgekehrt. Doch diese Sorgen der Kritiker, im hohen Respekt vor der Entscheidung, wird man nicht einfach so vom Tisch wischen können, denn sie sind natürlich auch in einzelnen Aspekten durchaus berechtigt.«

119

Glauben Sie, dass dieser Rücktritt eine Signalwirkung in die deutsche Gesellschaft hatte, da es ein deutscher Papst war? Zumal die Kirche als Organisation auch weltweit in die Gesellschaften hineinwirkt?

»Die Frage ist, ob das die Gesellschaften so stark tangiert. Vielleicht in den Gesellschaften, in denen es einen christlichen Background gibt und wo man eine Ahnung davon hat, wie die katholische Kirche aufgebaut ist und wie sie funktioniert. Das Papstamt ist ein religiöses Amt, das auch in nicht-christlichen Ländern wahrgenommen wird und das für eine große Glaubensgemeinschaft autoritativ sprechen kann. Nicht wenigen, durchaus auch nichtchristlichen Menschen in der Welt ist es wichtig, dass es überhaupt noch so zentrale geistliche Figuren gibt, die sich mahnend, ermahnend, korrigierend und auch inspirierend zu gesellschaftspolitischen Fragestellungen äußern. Ich habe von Gesprächspartnern gehört, die mit der Kirche nicht mehr konform gehen oder auch nicht praktizieren, dass es für sie eine Enttäuschung darstelle, dass man sich nicht darauf verlassen kann, dass der Papst bis zum Schluss auf seinem Stuhl sitzen bleibe und seinen Aufgaben nachkomme. Als Tenor nehme ich wahr: Jetzt sei auch das letzte Amt, das eine Stabilität aufweise, die man in der Politik und in Wirtschaftsunternehmen vermisse, weltlich geworden, richte sich nach den Gesetzmäßigkeiten der Welt aus. Man dachte wohl, dass hier eine ewige Kontinuität herrscht.«

Und auch Papst Benedikt XVI. hat noch einmal gesprochen: über seinen Rücktritt, über die Entscheidungsfindung, das Abwägen, die Umsetzung – und auch die Zeit danach. Dreizehn Seiten hat das Kapitel »Der Rücktritt«, weitere elf Seiten beschäftigen sich mit seinem Abgang. Beide

Kapitel sind gedruckt in dem 2016 erschienenen Buch »Letzte Gespräche«, für das sich der »Papa emeritus«, wie er im Text genannt wird, mit dem ihm gut bekannten Journalisten und Buchautor Peter Seewald für Gespräche hingesetzt hat. Gut ein halbes Jahr vorher sei die Entscheidung gefalle, berichtet Benedikt XVI. hier, und es sei kein leichter Schritt gewesen. »Nachdem tausend Jahre kein Papst zurückgetreten ist und es auch im ersten Jahrtausend eine Ausnahme war, ist es eine Entscheidung, die man nicht leicht fällt und die man immer wieder herumwälzen muss«, sagt er, »andererseits war für mich die Evidenz dann doch so groß, dass kein ganz schweres inneres Ringen da war.« Den Schock habe er einkalkuliert, bis zuletzt seien aber nur vier Personen eingeweiht gewesen: »In dem Augenblick, in dem Leute es wissen, würde der Auftrag zerbröseln, weil dann die Autorität zerfällt. Es war wichtig, dass ich bis zuletzt mein Amt wirklich auch ausfüllen und meinen Dienst voll tun konnte.« Die Rücktrittserklärung habe er selbst geschrieben, auf Latein (»Weil man so etwas Wichtiges auf Latein macht.«), und auch sonst sei der Tag normal verlaufen. Er habe den Schritt noch nie bereut (»Ich sehe jeden Tag, dass es richtig war.«), und er weist den Vorwurf, dass das Papstamt durch den Rücktritt säkularisiert werde, klar zurück: »Wenn er zurücktritt, bleibt er in einem inneren Sinne in der Verantwortung, die er übernommen hat, aber nicht in der Funktion. Insofern wird man langsam verstehen, dass das Papstamt von seiner Größe nichts verloren hat, auch wenn die Menschlichkeit des Amtes vielleicht deutlicher hervortritt.« Auch alle Verschwörungstheorien und Erpressungsgeschichten seien falsch: »Das ist alles völliger Unsinn. Nein, es ist eigentlich eine bescheidene Angelegenheit, muss ich sagen, dass ein Mensch, aus welchen Gründen auch immer, sich eingebildet hat, er müsste da einen Skandal schaffen, um die Kirche zu reinigen. Aber niemand hat mich zu erpressen versucht. Und ich hätte mich auch nicht erpressen lassen.« Und dass es letztendlich ein Rosenmontag war, »war mir nicht bewusst«, so Benedikt XVI., »das hat in Deutschland dann Verstörungen hervorgerufen. Es war der Tag der Lourdes-Madonna. Das Fest von Bernadette von Lourdes wiederum ist an meinem Geburtstag. Insofern gibt es eine Verbindung, und es schien mir richtig, es an diesem Tag zu machen.«

»Ein guter Abgang ziert die Übung.«

Johann Christoph Friedrich von Schiller
(deutscher Dichter und Dramatiker, der von 1759 bis
1805 lebte)

BEDEUTUNG
Der Platz in den Geschichtsbüchern

Exakt 1.088 Seiten umfassen die im Jahr 1995 erschienenen »Erinnerungen« von Hans-Dietrich Genscher. Ein pralles (Politiker-)Leben zwischen zwei Buchdeckel gepresst, in der Höhe eine Espressotasse locker überragend: die Jugendjahre von Halle über Bremen nach Bonn, der Einstieg in die Politik, die Olympischen Spiele 1972 als Bundesinnenminister, die ersten Jahre als Außenminister, der Koalitionswechsel im Jahr 1982, die Verhandlungen über die Wiedervereinigung und letztendlich die damals neuen Herausforderungen mit dem Golfkrieg, der Auseinandersetzung im ehemaligen Jugoslawien sowie auf der europäischen Bühne. Doch nur 25 Seiten in diesem dicken Buch sind jener Entscheidung gewidmet, die Genschers große Karriere vollendeten. »Der Rücktritt« heißt das Kapitel, in dem er über seinen überraschenden, aber, wie er darlegt, wohlüberlegten Schritt berichtet. Wie er im Sommer 1991 im Gespräch mit seiner Frau zu dem Schluss kam zurückzutreten. Wie er diese Entscheidung und ihre Auswirkungen abwog, wie er den damaligen Bundeskanzler Helmut Kohl informierte und wie er letztendlich am 27. April 1992 der Öffentlichkeit den Schritt mitteilte, bis hin zu seinem Auftritt in der *ZDF*-Sendung »Was nun, Herr Genscher?«. Dort sagte er auf die Frage, warum er jetzt schon gehe: »Es ist mir lieber, Sie fragen mich eines Tages, warum ich schon gehe, als dass Sie mich eines Tages fragen: ‚Wann gehen Sie endlich?‘« Es gelang.

Wer in Gesprächen über Rücktritte nach erfolgreichen Modellen fragt, bekommt immer wieder den Namen Genscher zu hören: »Das hat er gut hingekriegt«, sagt stellvertretend sein ehemaliger persönlicher Referent und Nachfolger im Außenamt, Klaus Kinkel. »Letztendlich waren es vor allem gesundheitliche Gründe, aber er hatte das Gefühl, dass der richtige Zeitpunkt gekommen war, dass er positiv abtreten konnte.« Und der überraschende, letztendlich positive Rückzug aus dem Amt prägte das Bild eines Mannes, dessen Rücktritt Bundespräsident Joachim Gauck auch beim Staatsakt nach Genschers Ableben im April 2016 würdigte: »Da haben, als er dann am 18. Mai 1992 aus der Bundesregierung ausscheidet, nicht wenige Deutsche den Eindruck, dass ‚Außenminister‘ eigentlich der Vorname eines Politikers namens Genscher sei.«

Denn letztendlich ist es häufig auch das Ausscheiden aus einem Amt, das zumindest den Blickwinkel bei der Betrachtung der jeweiligen Karriere prägt, meint auch einer von Genschers Nachfolgern im Amt des FDP-Parteivorsitzenden, Christian Lindner. Im positiven, aber auch im negativen Fall: »Man ist dann plötzlich abgestempelt«, meint Lindner, wenn der Rücktritt schiefläuft. »Zum Beispiel die Person Günter Beckstein, der ein profilierter bayerischer Innenminister war, dann Ministerpräsident wurde, dem nun aber – weil er in diesem Amt keine glückliche Figur machte – ein gewisser medialer Makel anhaftet.« Auch bei Managern beobachte er dieses Phänomen sehr stark, wenn diese unter skandalisierten Umständen oder zu spät aus dem Amt schieden: »Wenn man den Abgang gestalten kann, dann ist es wichtig, wie man abgeht«, betont Lindner. Getreu dem Motto: Nicht nur der erste, sondern auch der letzte Eindruck zählt. Für Lindner ist klar: »Bei Kollegen, die das 60. Lebensjahr bereits überschritten haben, macht es Sinn, darüber nachzudenken, wie man perspektivisch Verantwortung abgeben kann, ohne andere, die Sache oder sich selbst zu beschädigen. Ansonsten droht eine beeindruckende Lebensleistung durch einen schlechten Abgang in ein falsches Licht zu geraten.«

Im Fall von Genscher war der allerorts als gelungen bezeichnete Abgang sicherlich die Krönung einer außergewöhnlichen Karriere, passte in dieser Konstellation doch auch alles zusammen. »Logischerweise wird ein Amt über die Länge der Zeit immer dominanter«, meint der ehemalige hessische Ministerpräsident Roland Koch. »Wenn jemand beispielsweise über zehn Jahre Bundeskanzler war, ist das national prägend, und eine solche lange Amtszeit überdeckt den Moment des Rücktritts.« Er selbst werde beispielsweise – trotz aller Aktivitäten als *Bilfinger-SE*-Vorstandsvorsitzender oder nun als Rechtsanwalt oder Aufsichtsrat in Unternehmen – nach wie vor eher als Ministerpräsident gesehen, so Koch. Das gelte auch in anderen Konstellationen, in denen ein Abgang nicht so glücklich war: »Nehmen Sie beispielsweise Rupert Scholz, der nach einem Jahr als Verteidigungsminister wieder zurückgetreten ist«, erinnert er. »An Scholz wird man sich immer als den Bundesverfassungsrichter erinnern.« Für Koch steht fest: Die Frage »Was bleibt übrig?« werde sehr stark von der Gesamtkarriere relativiert: »Insofern ist bei Menschen, die bis zu ihrem Rücktritt sehr wenig aufgefallen sind, dieser Rücktritt oft das Dominante, was in Erinnerung bleibt. Für diejenigen, die sehr viel und das über einen langen Zeitraum gemacht haben, bevor sie in einem Amt zurücktreten, ist das sicherlich anders.«

Dem widersprechen allerdings die Erfahrungen zweier ehemaliger Bundesminister, für die der Amtsverzicht eine nachhaltige Wirkung hatte: »Bis heute erinnern sich sehr viele Menschen an meinen Rücktritt«, sagt die ehemalige Bundesjustizministerin Sabine Leutheusser-Schnarrenberger, »aber interessanterweise häufig nicht an den Grund.« Denn der eigentliche Grund ist in den Hintergrund gerutscht. Was die Menschen erinnern, ist, dass jemand für seine Überzeugung bereit war, Konsequenzen zu ziehen. Ein Punkt, der ihr Image also positiv aufgeladen hat. Ähnliches weiß Rudolf Seiters zu berichten, dessen Rücktritt aufgrund von politischer Verantwortung nach einem missglückten Polizeieinsatz in Bad Kleinen ebenfalls immer wieder positiv Erwähnung findet – und ihm auch in seiner späteren (ehrenamtlichen) Karriere behilflich war: »Nachdem ich im Jahr 2002 aus dem Bundestag ausgeschieden bin, ist das Rote Kreuz auf mich zugekommen«, erinnert sich Seiters im Gespräch. In deren Landesverbänden säßen auch Parteipolitiker an der Spitze, auch zwei SPD-Kollegen. Und dennoch wollten sie den langjährigen CDU-Mann Seiters: »Die sagten mir, dass sie mich letztendlich wegen meines Rücktritts und des Umgangs damit als Präsidenten haben wollten. Politisch habe man mich schon vorher sehr geschätzt, aber mein Umgang mit Bad Kleinen habe den endgültigen Ausschlag gegeben.«

Ähnliches galt auch für die Bewertung von Genschers Karriere, der sich in seinem späteren Leben im vertrauten Kreis immer wieder zufrieden darüber äußerte, seinen Abgang von der politischen Bühne selbst bestimmt zu haben. Und es war auch dieser Schritt, der ihm einen wohlwollenden Platz in den Geschichtsbüchern sicherte – auch wenn er in seinen eigenen Erinnerungen nur ein paar Seiten dafür reservierte.

»Es war ein beglückendes Gefühl, wieder in dieses Amt zu kommen, auch mit einer ganz anderen, vor allem viel größeren Erfahrung.«

Sabine Leutheusser-Schnarrenberger
(erste Ministerin in der bundesdeutschen Geschichte,
die nach einem Rücktritt das gleiche Amt wieder inne-
hatte und von 1992 bis 1996 sowie von 2009 bis 2013
Bundesministerin der Justiz war)

NACH DEM RÜCKTRITT IST VOR DEM COMEBACK
Über die Umstände der Rückkehr

Es ist ein dumpfer Knall, mit dem sich das Mikrofon verabschiedet. Alle im Raum zucken zusammen – nur der Redner selbst zeigt sich unbeeindruckt: In solchen Zeiten höre man da auch anders hin, räumt Karl-Theodor zu Guttenberg zwar ein. Doch er, Dreitagebart, Hornbrille, Sakko, blau-weiß gestreiftes Hemd mit zwei geöffneten Knöpfen, nimmt sich souverän das schnurlose Saalmikrofon und redet weiter. Nun kann er sich sogar noch freier auf der Bühne bewegen. »Herausforderung Zukunft« heißt die Veranstaltung, auf der der Ex-Verteidigungsminister Ende September 2016 in Bochum spricht. Ausgerechnet in Bochum, wo er einst – als Bundeswirtschaftsminister – staatliche Unterstützung für den örtlichen *Opel*-Standort ablehnte. Es ist einer von drei Auftritten, die zu Guttenberg in seiner alten Heimat macht. Und die zeigen, dass es noch immer ein enormes Interesse an ihm gibt. Schließlich gibt es wohl kaum einen Politiker in Deutschland, dessen Aufstieg steiler war, dessen Absturz tiefer – und dessen Name immer wieder fällt, wenn es um Ämter und Funktionen geht.

Auch an diesem Abend sind rund 250 Menschen gekommen, um zu Guttenberg zuzuhören. »Quo vadis, Amerika?«, so heißt die offizielle Fragestellung in der ehemaligen Scheune in Bochum – passend am

Abend nach der ersten TV-Debatte zwischen den damaligen Bewerbern um die US-Präsidentschaft, Hillary Clinton und Donald Trump. Aber die eigentlich Frage steht gut anderthalb Stunden im Raum, bis sie der Moderator dann doch stellt: »Wollen Sie in den USA bleiben? Haben Sie noch andere Dinge vor? Sagen Sie uns das doch mal.« Zu Guttenberg lächelt gequält. Zuvor hatte er fast ununterbrochen und flüssig geredet, jetzt zögert er: »Ich werde mit Sicherheit nicht für immer in den USA bleiben. Das ist auf jeden Fall schon mal klar«, sagt er schließlich. Beifall. Und weiter: »Dafür hänge ich viel zu viel an meiner Heimat.« Seit nunmehr fünf Jahren lebt er in den Vereinigten Staaten, hat dort ein Beratungsunternehmen aufgebaut – und damit die Konsequenzen gezogen aus seiner Plagiatsaffäre, der quälenden Zeit bis zu seinem Rückzug und dem vorschnellen Comeback-Versuch nur wenige Monate später. Davon zeugt auch der Büchertisch am Eingang der ehemaligen Scheune: Dort steht »Vorerst gescheitert. Wie Karl-Theodor zu Guttenberg seinen Fall und seine Zukunft sieht«, ein Interviewbuch, das er gemeinsam mit dem *Zeit*-Chefredakteur Giovanni di Lorenzo herausgebracht hat – und das allgemein als ein Versuch der Buße im öffentlich Raum wahrgenommen wurde. Doch es kam zu früh, wie mittlerweile auch zu Guttenberg eingesehen hat: »Ich habe lange gebraucht, um meine Eitelkeit zu überwinden«, sagt er in Bochum. Er habe sehr viel Kritik einstecken müssen, so der 45-Jährige, »weil ich sehr eitel und selbstbezogen war, vieles, was ich an Reaktionen bekommen habe, auf mich selbst projiziert habe, ohne wirklich erkennen zu wollen, wie berechtigt die viele Kritik war.« Auch deshalb nutzt er nun die Auftritte in Deutschland, um öffentlich Asche auf sein Haupt zu streuen: Er sei in Selbstüberschätzung nicht ungeübt, sagt er beispielsweise und fügt hinzu, das sei ehrlich, nicht kokettierend gemeint. Eine »Selbstkritik nach tiefem Fall« hört auch die *Schwäbische Zeitung* bei zu Guttenbergs Auftritt heraus, die extra ihren Chefreporter ins entfernte Ruhrgebiet geschickt hat, um dann doch zu fragen: »Aber wenn jener Satz nicht kokettierend ist, was ist er dann?« Die Zweifel, einmal gesät, bleiben.

Der Rücktritt, aber auch das vielleicht folgende Comeback – es gibt wenige Politiker, an denen sich die wirkenden Mechanismen so aktuell studieren lassen wie an Karl-Theodor zu Guttenberg. Bundestagsabgeordneter, CSU-Generalsekretär, Wirtschaftsminister und dann Chef im als schwierig geltenden Verteidigungsressort: Bis zum Herbst 2011 kam zu Guttenberg für so ziemlich jedes Amt infrage, und nicht wenige sahen ihn sogar auf bestem Weg ins Kanzleramt. Bis zu seinem Fall. Das Management seines Rücktritts war verheerend, auch sein erster Comeback-Versuch scheiterte. Vor diesem Hintergrund hat es einen besonderen Reiz, zu Guttenberg über seine Erfahrungen in den USA berichten zu hören – der einstige Medienliebling über den Populisten Trump, der es geschafft habe, »den politischen Skandal komplett zu entwerten, indem er ihn inflationär betreibe«, wie zu Guttenberg feststellt. Und dann selbstironisch anmerkt: »Früher hat es noch gereicht, dass man wegen Abschreibens wenigstens anständig aus dem Amt gejagt wurde, selbst das würde ihm nicht gelingen«, so zu Guttenberg in Bochum. Gute Pointen, Selbstironie, teilweise demütig, so lautet der Eindruck am Ende des Abends. Aber: An anderer Stelle auch selbstbewusst, vielleicht zu selbstbewusst. Es ist diese Art, mit der es zu Guttenberg schwerfällt, die stetigen Rufe nach seinem Comeback zum Schweigen zu bringen. »Ich hatte in zu jungen Jahren keinen Mangel an zu hohen Ämtern«, sagt er zwar, und: »Der Antrieb, in ein politisches Amt um des Amtes willen zu kommen, ist für mich erloschen. Das hat etwas mit Eitelkeit zu tun.« Zweifel? »Ich meine das wirklich ehrlich. Also, das ist jetzt nicht in irgendeiner Form … Und dann doch vielleicht nächstes Jahr? Oder für die CSU? Oder dieses oder das?«, fragt er rhetorisch in die gespannt schweigende Menge. Aber auch die Antwort hat er selbst: »Nein!«

Dabei klang beziehungsweise las sich das einige Jahre vorher noch anders: Auf dem Deckel seines Buches »Vorerst gescheitert« stand direkt unter einem Foto, das den ehemaligen Verteidigungsminister in einem blauen Pullover im Gespräch mit *Zeit*-Chefredakteur Giovanni di Lorenzo zeigt: »Ich habe in den letzten Jahren Prinzipien vertreten und von diesen brauche ich nicht Abschied zu nehmen, auch wenn ich selbst einmal fehle oder scheitere.« Und der Nachsatz klingt nach mehr: »Wer fällt, muss auch wieder aufstehen können, und das tue ich jetzt mit großer Motivation.« Ein schriftlicher Machtanspruch, ein klares Bekenntnis, zurück auf die Berliner Bühne zu wollen, so waren sich die Beobachter einig. Und auch di Lorenzos Zitat macht die Absichten der Buchveröffentli-

127

chung deutlich: »Wer also die Rückkehr des Karl-Theodor zu Guttenberg auf die politische Bühne befürchtet, der fürchtet sich nach diesem Buch vermutlich völlig zu Recht.« Die Zeit war jedoch noch nicht reif für ein Comeback, die Einsicht nicht glaubwürdig, die Reue nicht demütig genug – und die Not innerhalb der CSU, aber auch der Union nicht groß genug. Die Veröffentlichung verfehlte die intendierte Wirkung, wurde gar zu einem Bumerang: »Aber das Buch war ein Fehler, den ich bereue«, so di Lorenzo Monate später in einem Gespräch mit der *Berliner Zeitung*. Der Vorwurf an ihn: Er habe sich für eine Kampagne des Ex-Verteidigungsministers einspannen lassen. »Erst war ihm fast das ganze Land verfallen – und dann dieser jähe Absturz«, widerspricht di Lorenzo zwar, »deshalb wollte ich dieses Interview.« Doch unterm Strich bleibt auch für ihn das Ergebnis: Es war ein Fehler. Ohnehin scheint zu Guttenberg nunmehr verstanden zu haben, dass die Grundlage für eine glaubwürdige Rückkehr zunächst einmal echte Demut ist. Und dass man gerufen wird – und sich nicht selbst ins Spiel bringt. Das zeigt sein Auftritt in Bochum, aber auch die Antwort, die er der *Süddeutschen Zeitung* Anfang 2016 per Mail übermittelt: »Die berechtigten Gründe für meinen Rücktritt und mein lausiger Umgang damit würden eine Rückkehr nicht rechtfertigen.«

»Aus demokratiepraktischen Gründen finde ich es gut, dass es Comeback-Möglichkeiten gibt«, sagt Ex-*rbb*-Intendantin und Rücktrittsbeobachterin Reim, schränkt aber zugleich ein: »Allerdings auch nicht für jeden und nicht nach jedem Vergehen.« Ein persönlicher Fehler wie das Plagiat bei einer Dissertation dürfte nicht zu denen zählen, die einen Neustart in der Politik kategorisch ausschließen. Im Fall zu Guttenberg zeigt sich, wie bereits im Rücktritt selbst die Grundlagen für eine spätere Rückkehr gelegt werden – wenngleich sie sich bislang nicht realisiert hat. Auch andere Beispiele belegen diese Möglichkeit: Der wohl prominenteste Fall ist die ehemalige Bundesjustizministerin Sabine Leutheusser-Schnarrenberger, die einzige Ministerin in Deutschland, die nach einem Rücktritt einige Jahre später im gleichen Ressort erneut den Ministersessel belegen konnte. Konsequent, schnell, glaubwürdig trat Leutheusser-Schnarrenberger damals wegen fehlender innerparteilicher Unterstützung bei ihrem Kampf gegen den sogenannten Großen Lauschangriff zurück. In der Rückzugsphase hielt sie Abstand zu dem Thema – und blieb doch ihrer

Einstellung treu. »Dieser Schritt hat mir in der Öffentlichkeit eine enorme Glaubwürdigkeit gegeben«, sagt sie rückblickend beim Gespräch am Düsseldorfer Flughafen. »Dass jemand wegen fehlender Unterstützung in der Partei zurücktritt, zum Teil eine innerparteiliche Opposition bildet, die der Partei schadet, und dass sie später als Ministerin in gleicher Funktion zurückkommt, das gab es noch nie.« Es gelang, weil Leutheusser-Schnarrenberger in der Sache hart blieb, aber auch nie persönlich wurde. »Ich habe die FDP nie öffentlich beschimpft, nur betont, dass ich es in der Sache für falsch halte«, so Leutheusser-Schnarrenberger. »Ich wollte dafür kämpfen, dass die FDP wieder ein Bürgerrechtsprofil bekommt.«

Teil ihres Konzepts war die letztlich erfolgreiche Klage vor dem Bundesverfassungsgericht, die sie aber nicht alleine einreichte: »Der Erfolg im Jahr 2004 hat das alles auch noch verstetigt«, so Leutheusser-Schnarrenberger Jahre später. Doch die Grundlagen waren ohnehin gelegt: Sie hatte den *Freiburger Kreis*, ein offenes Forum für Liberale, das die Ganzheitlichkeit des Liberalismus betont, also auch die gesellschaftliche Freiheit, wiederbelebt und sich innerhalb des bayerischen Landesverbandes der Partei positioniert: »Es gab eine gewisse Übergangszeit, in der es schwierig war, aber die war relativ schnell überbrückt. Ab 1998 war ich dann auch wieder mittendrin und wurde stellvertretende Fraktionsvorsitzende.« Ihre Glaubwürdigkeit, aber auch ihr Beharrungswille wurden zu ihrem größten Trumpf beim Kampf um das Comeback. Laut einer Umfrage des *ARD*-Deutschlandtrends im Mai 2011 war Leutheusser-Schnarrenberger sogar die beliebteste FDP-Politikerin. Doch für sie selbst war der eigentliche Höhepunkt die Rückkehr ins Justizministerium: »Das war schon ein ganz tolles Erlebnis«, sagt sie – und lacht: »Auch ein bisschen Genugtuung.« Und noch ein in der Geschichte der Bundesrepublik einzigartiger Schritt.

Dabei könnte sich dies ändern, ginge es nach Marina Weisband, der ehemaligen Hoffnungsträgerin der einst neuen Piratenpartei. »Ich denke, dass wir viel zu oft den Rücktritt mit einem Scheitern assoziieren«, rekapituliert sie ihre Erfahrungen Jahre später. »Auch ich habe von Journalisten sehr viel Unverständnis geerntet, weil sie mir sagten: Bei Ihnen läuft doch alles super, warum scheitern Sie freiwillig? Sie sehen nicht, dass der Rücktritt kein Scheitern ist.« Das verstehe sie, die sich nach einem Jahr

129

in der Position der politischen Geschäftsführerin der Piraten freiwillig zurückgezogen hat, nicht: »Beim Schachspiel ist das Ziel ja nicht, die Figuren möglichst weit nach vorne zu setzen, obwohl das Ziel vorne liegt. Man geht auch mal einen Schritt zurück. Und dieser Aspekt fehlt in der Politik insgesamt.« Letztendlich würde ein Rücktritt mit Angst aufgeladen, so Weisband. Alle positiven Aspekte, die eine solche Erfahrung für spätere Funktionen mit sich bringe, werden ausgeblendet. Weisband ist sich sicher: »Wenn wir eine Kultur des Fehlers, des Rückzugs, des anderen Ansatzes mehr verinnerlichen, dann kommen wir insgesamt zu einer gesünderen Entwicklung von Biografien und der gesamten Politik«, so ihr Fazit. »Ich möchte einfach keine Politiker, die nur da sind, weil sie da sein wollen.« Weisbands Gedanke: Auch der (zwangsläufige) Rücktritt aufgrund von Verfehlungen solle enttabuisiert werden, um danach ein Comeback starten zu können.

Ohnehin funktioniert ja der (glaubwürdige) Rücktritt als strategisches Mittel, wie das Beispiel Leutheusser-Schnarrenberger deutlich macht. Das hat auch der jeweilige Verzicht der CDU-Vorsitzenden Helmut Kohl und Angela Merkel auf eine Kanzlerkandidatur – Kohl 1980 zugunsten von Franz-Josef Strauß, Merkel 2002 zugunsten von Edmund Stoiber – gezeigt: Sie lassen sich als strategisches Beiseitetreten interpretieren. Und doch ist ein Solches außergewöhnlich. Wohin der Rücktritt des SPD-Vorsitzenden Sigmar Gabriel im Januar 2017 führen wird, muss sich noch erweisen. Klar ist: In einer solchen Entscheidung, in den Umständen, aber auch im Umgang mit ihnen wird zumeist die Grundlage für die Zukunft gelegt – auch wenn manches unkalkulierbar bleibt.

Das galt auch und gerade für Christian Lindner. »Es war insofern eine strategische Entscheidung, als mir klar wurde, dass ich zwei Schritte zurückgehen muss, um dauerhaft politische Führungsverantwortung übernehmen zu können«, sagt er über seinen Rücktritt als FDP-Generalsekretär im Dezember 2011. »Denn ein Kapital hat man doch: seine seelische Unversehrtheit, Integrität und Substanz. Und wenn man gezwungen wird, rote Linien zu überschreiten, dann kann es sein, dass man das so nicht mittragen kann und zurücktritt, um das politische Vertrauenskapital zu sichern.« Die Person Leutheusser-Schnarrenberger hat gezeigt, dass dies möglich ist. Bei Lindner hatte sich, wie er berichtet, über Monate angedeutet, dass er die politische Strategie, aber auch die handwerkliche Art der Parteiführung nicht so vorbehaltlos unterstützen konnte, wie dies in seinem Amt erforderlich war. »Man ist zwar nie zu 100 Prozent einer Meinung, aber es muss eine gewisse Grundüberzeugung geben«, sagt er rückblickend, »ansonsten kann man nicht zusammenarbeiten.« Lindner zog die Konsequenzen und trat zurück. Wer sich allerdings seine Pressekonferenz von damals in einem Video anschaut, dem fällt die offensive Verabschiedung am Ende ins Auge: »Auf Wiedersehen!«, rief Lindner, weißes Hemd, karierte Krawatte, den Journalisten zu – und trat ab. »Ich wusste nicht, welche Auswirkungen das auf meine Karriere haben würde«, sagt er nun rückblickend, »aber ich wollte politisch aktiv bleiben.« Die Grußformel war also bewusst so gesetzt worden.

Doch zunächst zog sich Lindner zurück, schwieg und entdeckte seine Leidenschaft für amerikanische Serien. Sein Comeback wollte er im Mittelbau der Partei beginnen – und zwar als Vorsitzender des in der Partei starken Bezirksverbands Köln. Ende März 2012, nur wenige Wochen nach seinem Rücktritt, wollte er sich dort wählen lassen. Doch »in der Politik gibt es erstaunlich oft Zufälle und merkwürdige Wendungen«, wie die *Frankfurter Allgemeine Zeitung* es in einem Artikel über Lindners Comeback einmal formulierte: In Nordrhein-Westfalen, dem Land von Lindners Landesverband, standen nach der Auflösung des Landtages im März 2012 plötzlich Neuwahlen an. Über Nacht wurde Lindner zum Spitzenkandidaten, stürzte sich in den Wahlkampf, errang mit seiner Partei starke 8,6 Prozent – und war plötzlich wieder mittendrin. Erst recht, als die Bundes-FDP im Herbst 2013 erstmals den Einzug in den Bundestag verpasste. Lindner wurde zum Heilsbringer seiner Partei – und die FDP in den folgenden vier Jahren zur »One-Man-Show«. Doch es war eben jener Rücktritt, aus dem Lindner in der Retrospektive viel Kraft ziehen konnte: »Die Entscheidung, ein Amt freiwillig abzugeben, das man im Grunde liebt, das war prägend. Dann auch zu sehen, wie die Aufmerksamkeit auf mich als Person verschwindet, wie Opportunisten verschwinden«, sagt er, »all das hat mich innerlich unabhängiger und relativ angstfrei gemacht.« Er macht aber auch klar: »Der Schritt war ein Risiko, und ich war mir nicht darüber im Klaren, ob das nicht das Ende meiner Laufbahn bedeuten würde«, erinnert er sich. Doch anders als im Fall zu

Guttenberg brachte sich Lindner nicht direkt selbst ins Spiel, sondern bekam, wenn auch unerwartet, eine günstige Gelegenheit, sozusagen eine Einstiegsmöglichkeit. Mit der Wahlniederlage seiner Partei auf Bundesebene setzte sich der persönliche Aufstieg dann fort – bis an die Spitze.

Deutlich wird, dass ein Zurücktreten wie bei Lindner und Leutheusser-Schnarrenberger oder ein Beiseitetreten wie einst bei Kohl und Merkel neue Optionen zu schaffen vermag. »Rückblickend war das für mich eine absolute Win-Situation«, erinnert sich Leutheusser-Schnarrenberger an ihren Amtsverzicht. »Aber damals habe ich das überhaupt nicht so gesehen.« Und auch Lindner sagt: »Ich war in der Partei erstmal die Persona non grata, weil ich ja als Fahnenflüchtiger galt. Erst im Nachhinein war man mir wieder wohlgesonnen, weil man nun sah, dass ich nicht den einfachen Weg gegangen bin.« Gerade die Glaubwürdigkeit eines konsequenten, begründeten Rücktritts scheint es zu sein, die bei der Rückkehr hilft. Und zu Guttenberg dürfte gemerkt haben, dass ein gutes Comeback Zeit braucht. Im Bundestagswahlkampf 2017 will er nur punktuell für die CSU auftreten. Seine ehemalige Partei hatte sich sehr um ihn bemüht, nun scheint die Zeit reif, immerhin schrittweise die politische Arena wieder zu betreten.

Die Umsetzung des Rücktritts im Überblick

Intrinsische Motivation	Extrinsische Motivation	Mangelnde Motivation
Persönliche/familiäre Gründe	Außergewöhnlicher öffentlicher Druck	Weder subjektive noch objektive Rücktritts-
Versuch, sich von einem Abwärtstrend abzu-	Verlust des innerpar- teilichen Rückhalts	motive werden als zwingend erkannt
koppeln	Offensichtlicher/	Glaube, die Krise über-
Abwendung von Schaden für die Gesamtorgani-	schwerer Verstoß gegen geltende	stehen zu können
sation oder die zentrale Figur durch ‚Selbstopfer'	Normen	Wille zum Machterhalt

133

	Selbstbestimmter Rücktritt	Fremdbestimmter Rücktritt	Ausbleibender Rücktritt
Erkenntnis und Handeln	Entscheidung zum Rück- tritt aus persönlichen Motiven	Erkennen der (nahezu) unausweich- lichen Notwendigkeit des Rücktritts	Entscheidung, die Krise ‚auszusitzen' Bewusster Entschluss, die Entscheidung in fremde Hände zu legen
Organisation und Timing	Abpassen des Moments im Zenit	Unverzügliches Handeln, um Skandal zuvorzukommen	Überstehen des Mo- ments größten Drucks
Begründung, Informations- management und Erklärung	Überzeugende Ver- mittlung der zugrunde liegenden Motive	Gestaltung eines re- spektvollen Abgangs Möglichst den Eindruck einer freien Entscheidung erwecken	Übernahme von Verantwortung/Einge- ständnis von Fehlern Aufzeigen von überzeu- genden Lösungsalter- nativen
Rückzug und Comeback	Der beste Rücktritt nutzt nichts ohne eine klare Strategie und Perspekti- ve für die Zeit danach Auch wer sich freiwillig zurückgezogen hat, kann sich später für eine Rück- kehr entscheiden Entscheidend ist es hier, den Sinneswandel über- zeugend zu erklären	Zunächst Rückzug aus der Öffentlichkeit als Phase der Reue und Reflexion Auch wer den Rücktritt verpatzt hat, kann eine zweite Chance bekommen Gefragt ist ein sou- veräner Umgang mit den früheren Fehlern Warten können, bis sich eine Gelegenheit oder ein Bedarf ergibt	Sicherung einer neuen/ erneuerten Legitimati- onsbasis (Neuwahlen etc.) Das Überstehen der kritischen Phase kann neuen Auftrieb und neue Popularität verschaffen

PERSPEKTIVEN

»Was Ihre letzte Frage anbelangt, muss ich sagen, dass ich Angela Merkel nicht darum beneide, dass es keine Mandatsbeschränkung gibt. (…) Aber ich habe auch eingesehen, wie klug es von den Gründern unseres Landes war, dies so einzurichten. Ich denke, es ist eine sehr gesunde Einstellung, wenn es in einem so großen und vielseitigen Land wie dem unsrigen eine Abwechslung gibt, sodass man – um einen Begriff aus dem Basketball zu verwenden – frischere Spieler, frischere Beine hat und nun den Staffelstab wirklich an den Nächsten übergibt.«

Barack Obama
(der ehemalige US-Präsident im April 2016 bei seinem
Besuch zur Eröffnung der CeBIT in Hannover)

DISKUSSION
Amtszeitbeschränkungen – hilfreiches oder einengendes Konstrukt?

Manchmal ist es gar nicht erlaubt zurückzutreten. Im Sommer 2016 machte Japans Kaiser Akihito Schlagzeilen. Der Monarch, mittlerweile in seinen Achtzigern angelangt, erwäge schon seit Längerem, in den nächsten Jahren abzudanken. Er wolle den Thron seinem ältesten Sohn, Kronprinz Naruhito, überlassen und sich zur Ruhe setzen. Nach der japanischen Verfassung aus dem Jahr 1946 ist der Kaiser zwar das »Symbol der Einheit Japans«; er beruft den Premier, ernennt Minister, verkündet Gesetze, empfängt Staatsgäste und Botschafter, ist aber kein Staatsoberhaupt. Dennoch war die Regierung von dieser Botschaft überhaupt nicht angetan, drohte doch ein Rücktritt in dem krisengeschüttelten Land Fragen aufzuwerfen – und zu zeigen, dass sich die Zeiten wandeln, wie die *Süddeutsche Zeitung* feststellte. Hinzu kommt: Eigentlich darf Akihito gar nicht zurücktreten. Für diesen Schritt gab es zu diesem Zeitpunkt keine gesetzliche Grundlage. Zwar nominierte der japanische Premier Shinzo Abe, nachdem ihm der Wunsch zu Ohren gekommen war, eine geheime Arbeitsgruppe, doch zunächst einmal musste der Monarch sich gedulden – mit offenem Ergebnis.

Andere Länder, andere Sitten – aber auch eine andere Rücktrittskultur. Dabei dürfte dieses japanische Beispiel sicherlich keinen Vorbildcharakter entwickeln. Vielmehr gibt es in Deutschland eine Diskussion, die über die Jahre immer wieder aufkommt – und für die sowohl von Befürwortern wie von Gegnern gute Argumente vorgebracht werden: der Ruf nach einer Amtszeitbeschränkung.

Er beneide Bundeskanzlerin Angela Merkel nicht darum, dass es in Deutschland, anders als in Amerika, keine Amtszeitbeschränkung gebe, sagte der damalige US-Präsident Barack Obama bei seinem Deutschlandbesuch im April 2016. Die Kanzlerin, deren Entscheidung, ob sie eine vierte Amtszeit (also weitere vier zu ihren bislang zwölf Amtsjahren) anstrebe, noch ausstand, soll, so Beobachter, verdutzt geschaut haben. Obama ist so etwas wie das Gegenstück zum japanischen Kaiser Akihito: In den USA darf der Präsident höchstens einmal wiedergewählt werden, nach spätestens acht Jahren ist Schluss. Aus diesem einfachen Grund musste Obama – der zwar in einem Interview betonte, dass er eine dritte Amtszeit gegen den dann siegreichen Kandidaten der Republikaner Donald J. Trump gewonnen hätte – keine Gedanken auf den Zeitpunkt sowie die Art seines Abschieds verschwenden: Beim finalen Korrespondenten-Dinner im Weißen Haus jedenfalls verabschiedete er sich mit einem Feuerwerk von Witzeleien über politische Freunde, Gegner und sich selbst – bevor er zum Schluss das Mikrofon mit ausgestrecktem Arm fallen ließ: »Obama out.« Ein Abschied, der in den sozialen Netzwerken weltweit (*#micdrop*) Anklang fand.

Und auch wer mit ehemaligen Politikern und Führungspersönlichkeiten aus der Gesellschaft spricht, bekommt durchaus Zustimmung in Sachen Amtszeitbeschränkung zu hören, wie beispielsweise von Ex-Bahnchef Mehdorn: »Ich bin sehr dafür. Meine eigene Lebenserfahrung bringt mich zu dem Schluss, Amtszeiten für Vorstände, Aufsichtsräte, Amtsträger und Politiker auf zwei Perioden von je vier Jahren zu beschränken«, sagt er. »das wäre einer erfolgreichen, entspannten Nachfolgeberufungs-kultur in der Wirtschaft und Politik sehr dienlich.«

Das meint auch der ehemalige brandenburgische Ministerpräsident Matthias Platzeck. Auf die Frage, ob er eine Amtszeitbeschränkung befür-worten würde, sagt Platzeck: »Ja, denn es erleichtert alles, was mit dem Rücktritt zusammenhängt, das wäre überhaupt keine Frage.« Letztend-lich werde der Amtsinhaberin oder dem Amtsinhaber eine Entscheidung abgenommen; der Rechtfertigungsdruck, sei es vor der eigenen Partei, der Öffentlichkeit oder gar vor der eigenen Person, falle weg. Genauso wie das Klammern an Ämter: »Man hört ja oft den Spruch, dass man jeman-den raustragen oder rauskomplementieren müsse«, so Platzeck. »Das wäre dann automatisch erledigt.« Platzeck selbst hat dafür auch ein Beispiel: Helmut Kohl, den dienstältesten deutschen Bundeskanzler. 16 Jahre war Kohl letztendlich im Amt, von 1982 bis 1998 – und dient Platzeck genau deswegen als Argument für die Amtszeitbeschränkung: »Ich habe Helmut Kohl in seinen letzten Monaten noch sehr intensiv erlebt, denn in den Jahren 1997 und 1998 war er wegen der Oder-Flut viel in Brandenburg unterwegs, mehrmals einen ganzen Tag«, erinnert sich Platzeck. »Und das hat mir fast schon leidgetan, weil er sich so sicher war, die Wahl zu gewinnen, die nicht zu gewinnen war. Selbst bei klugen und politisch sehr erfahrenen Menschen tritt irgendwann ein Realitätsverlust ein. Auch weil das Umfeld mitunter verhindert, dass man den Zeitpunkt spürt, an dem es richtig ist zu gehen.« Doch im Fall Helmut Kohl, so Platzeck, sei es wirklich dramatisch gewesen: »Wäre er vier Jahre früher gegangen, dann wäre er heute der große Held gewesen, dem man bestimmt schon Denkmäler gebaut hätte«, meint er. »So ist er eher aus dem Amt gejagt worden.«

Auch innerhalb der Medien finden sich jüngst offensive Stimmen: »Begrenzt die Amtszeit!«, forderte beispielsweise die *Wirtschaftswoche*, »denn begrenzte Macht führt zu politischer Kreativität, manchmal so-gar zu Mut.« Von einem »Bundesträgheitsgesetz«, schrieb dagegen Jochen Bittner auf *Zeit Online*. Seine Meinung: »Dass die Amtszeit des deut-schen Bundeskanzlers unbegrenzt ist, ist ungesund für die Demokratie.« So sei nicht nachvollziehbar, dass beispielsweise der Bundespräsident, so etwas wie ein »republikanischer Monarchenersatz« (*Zeit Online*), nur einmal wiedergewählt werden könne, der Kanzler aber theoretisch zehnmal antreten dürfe: »Zu lange Amtszeiten führen irgendwann zwangsläufig zu Verfilzungen, zu Gruppendenken, zu inhaltlicher Trägheit.« Limitierte Amtsperioden zwängen dagegen auch die jeweils eigene Partei, sich mit der Nachfolgefrage auseinanderzusetzen, und entfachten einen Wettbewerb, in dem der inhaltliche Kurs überprüft würde. Und auch die Amtsinhaberin oder der Amtsinhaber müssten in ihrer letzten Amtszeit keine Rücksicht auf die eigene Beliebtheit nehmen.

Doch es gibt auch Gegenargumente: »Im Grunde ist es bei Wahlen nicht gut, wenn die Leute keine Wahlmöglichkeit haben«, meint Rudolf Seiters, einst Bundesinnenminister. »Sie würden es als undemokratisch empfinden, wenn sie nach einer bestimmten Zeit ihren Kandidaten nicht mehr wählen dürften.« Er sagt aber auch: »Sicherlich könnte man zwischen Abgeordneten und Kanzlern differenzieren, weil die Verantwortung bei Letzteren viel größer ist. Ich halte die Diskussion bei den Kanzlern nicht für völlig abwegig. Es könnte sein, dass ein Kanzler in seiner zweiten Amtszeit dann innerlich befreiter auftritt, weil er zum Beispiel auf populistische Bewegungen keine Rücksicht nehmen muss.« Doch wo zieht man die Grenze? Platzecks Beispiel vom unglücklichen Ende der Amtszeit Kohls lässt sich jedenfalls in verschiedener Weise deuten, meint auch die ehemalige *rbb*-Intendantin Dagmar Reim: »Ich glaube auch, dass Helmut Kohl mit dem Lorbeerkranz in die Geschichte eingegangen wäre, wenn er sich seine letzte Bundestagswahl nicht mehr zugemutet hätte«, sagt sie. »Aber die Frage ist schwer zu entscheiden, denn die Legislaturperioden sind kurz, und was kriegt man in ein oder zwei Perioden schon hin?« Reim verweist zudem auf Beispiele aus der Vergangenheit: »Denkt man etwa an die Grünen, dann merkt man, dass sie mit einer zeitlichen Ämterlimitierung angefangen haben. Das haben sie wieder verworfen.« Einst hatte die heute etablierte Partei sogar angefangen, die Parlamentsmandate zu teilen: Die vier Jahre wurden für zwei Personen genutzt, der Wechsel fand zur Hälfte der Legislaturperiode statt. Doch mit der Zeit merkten die Grünen, dass sich ihre politischen Köpfe so nicht profilieren und auch keine Expertise aufbauen konnten – und kippten das Modell. Marina Weisband, die zurückgetretene politische Geschäftsführerin der Piratenpartei, ist bei der grundsätzlichen Frage nach einer Amtszeitbeschränkung ebenfalls unschlüssig: »Das kann helfen. Aber wie bei jeder Regelung ist es eine Krücke«, sagt sie. »Bei manchen Amtszeitbeschränkungen bin ich wahnsinnig traurig, weil ich möchte, dass Barack Obama noch eine Amtszeit absolviert. Nützlicher wäre es, die Kultur zu verändern, damit man irgendwann freiwillig ein Amt verlassen kann.«

Doch es gibt auch andere Stimmen: »Ich halte das für eine schöne akademische Diskussion, würde aber als praktisch lebender Politiker ungern Zeit drauf verschwenden«, sagt Roland Koch, der ehemalige hessische Ministerpräsident, ziemlich deutlich. Auch er belegt seine Ansichten mit der Karriere von Bundeskanzler Kohl, nimmt diese aber als ein Argument gegen eine Amtszeitbeschränkung: »Bei Helmut Kohl ist es wahrscheinlich von Vorteil gewesen, dass er nicht im Jahr 1990 nach acht Jahren ausgeschieden ist«, so Koch. »Dass er 1996 nach dem Projekt Euro klugerweise gegangen wäre, ist eine andere Frage. Aber das ist etwas anderes als der Vorschlag einer Amtszeitbeschränkung.« Wo zieht man die Grenze? Das lässt sich offensichtlich nicht so einfach beantworten.

Ohnehin führt laut Koch der Verweis auf die USA und andere Länder nicht weiter: »Ich glaube, das ist eine Kulturfrage. Die Amerikaner reduzieren das nicht nur auf den Präsidenten, sondern da gehen 100.000 Menschen aus der Staatsverwaltung. Das ist ein System, das sein Vertrauen nicht aus der Kontinuität, sondern aus einer verlässlichen Diskontinuität zieht«, meint er. In Deutschland sei das anders: »Wir haben den Grundsatz des Berufsbeamtentums im Artikel 33 und verbinden damit, dass Kontinuität gewährleistet ist. Zu einem solchen System passt keine Amtszeitbeschränkung in der Politik. Das wäre ein kultureller Bruch, und wo soll das enden?« Während in Deutschland der Regierungschef unzählige Male wiedergewählt werden kann, ist beispielsweise die Amtszeit der Bundesverfassungsrichter begrenzt. In den USA ist es – bezogen auf den Präsidenten und die Richter am Supreme Court – genau umgekehrt. Kochs Fazit: »Es gibt da keine Wahrheit, die Debatte würde uns nach meiner Überzeugung nicht weiterführen. Damit müssen wir fertig werden. Die Tatsache, dass Obama mit seinen immer noch jungen Jahren kein Amt mehr übernehmen könne, könnte man auch als eine Art Ressourcenverschwendung ansehen.«

Tatsächlich hat die Debatte hierzulande jedoch längst das Parlament erreicht: Er werde nach zwei Legislaturperioden im Jahr 2017 aus dem Bundestag ausscheiden, hat Jan van Aken, Abgeordneter der Linken, angekündigt – und sich zugleich für eine zeitliche Begrenzung von acht Jahren für Mandatsträger im Parlament ausgesprochen.

»Füge dich der Zeit, erfülle deinen Platz –
und räum' ihn auch getrost, es fehlt nicht an Ersatz.«

Friedrich Rückert

(deutscher Dichter und Sprachgelehrter, der von 1788
bis 1866 lebte)

SCHLUSSBETRACHTUNG
Haltung statt Handlungsanweisungen

Der Volksmund macht es sich zuweilen leicht: »Hör auf, wenn's am schönsten ist!«, ruft er locker daher. Und: »Die Friedhöfe liegen voll von Menschen, die geglaubt haben, dass ohne sie die Welt nicht leben könnte.« Beides ist nachvollziehbar, klingt logisch – und ist schon zigfach bewiesen worden. Dennoch hat dieses Buch gezeigt, dass es durchaus eine Kunst ist, ein (öffentliches) Amt zu verlassen. Vor allem in der Politik, die häufig im Fokus der öffentlichen Aufmerksamkeit steht, aber auch in der Wirtschaft, den Medien oder bei anderen gesellschaftlichen Institutionen. Es brauche einen anderen Umgang, eine andere Kultur, so war es in vielen Gesprächen zum Thema Rücktritt immer wieder zu hören. Neben dem persönlichen Erleben gibt es dabei auch eine gesellschaftliche Komponente. Die vorausgegangenen Schilderungen und Erfahrungen zeigen, dass sich – bei allen Unterschieden in den jeweiligen Umständen – durchaus klare Regeln benennen lassen, an denen man sich orientieren kann. Insgesamt geht es aber um mehr als nur um ein paar Handlungsempfehlungen – es geht um die keineswegs leichte Kunst, ein Amt mit Geschick zu verlassen. Drei Gesichtspunkte scheinen dabei zentral:

- **Anerkennen**: Irgendwann trifft es jeden – egal, ob das Amt befristet ist, ob es andere Beschränkungen gibt oder nicht. Diese Erkenntnis scheint banal – und ist doch wichtig. Denn nur wer sich dessen bewusst ist, kann auch darüber nachdenken, kann sich darauf einstellen und dementsprechend handeln.

- **Gestalten**: Aus der eigenen Erkenntnis erwachsen, gut durchdacht, überraschend vorgetragen und positiv bewertet – so sieht ein kunstvoller Abgang in der Theorie aus. Manchem gelingt dies auch in der Praxis. Selbst in Fällen, wo externe Gründe zu dem Schritt führen, beispielsweise bei Skandalen, lässt sich der eigene Abgang durch rasches und entschlossenes Handeln (noch) selbst gestalten.

- **Aufwerten**: Ein Rücktritt ist auch eine Chance – in jeder Konstellation. Zwar wird er hierzulande noch immer mit einem Scheitern assoziiert, und sei es nur im eigenen Unterbewusstsein, doch liegt genau darin auch eine Stärke, wie zahlreiche Beispiele gezeigt haben. Mit einem gelungenen Abgang lässt sich die eigene Leistung noch steigern, der Platz in den Geschichtsbüchern sichern, vielleicht auch ein Comeback oder gar ein Aufstieg vorbereiten.

Wie schwer es im Einzelnen auch fallen mag, es bestätigt sich die eingangs zitierte Erkenntnis des spanischen Schriftstellers Balthasar Gracián: »Nicht abwarten, dass man eine untergehende Sonne sei«, schrieb er. »Es ist eine Regel der Klugen, die Dinge zu verlassen, ehe sie uns verlassen. Man wisse, aus seinem Ende selbst sich einen Triumph zu bereiten.« Der Rücktritt als Haltung – nicht bloß als Handlungsanweisung. Wer das erkennt, hat schon viel gewonnen.

ANHANG

LITERATUR

Benedikt XVI. (mit Peter Seewald): *Letzte Gespräche*, München 2016.

Beucker, Pascal/Überall, Frank: *Endstation Rücktritt. Warum deutsche Politiker einpacken*, Berlin 2006.

Fischer, Jörn: *Deutsche Bundesminister: Wege ins Amt und wieder hinaus. Selektions- und Selektionsmechanismen im Bundeskabinett unter besonderer Berücksichtigung von Push-Rücktritten*, Köln 2011, abrufbar unter: http://kups.ub.uni-koeln.de/4307/.

Genscher, Hans-Dietrich: *Erinnerungen*, Berlin 1995.

Guttenberg, Karl-Theodor zu/Di Lorenzo, Giovanni: *Vorerst gescheitert. Wie Karl-Theodor zu Guttenberg seinen Fall und seine Zukunft sieht*, Freiburg im Breisgau 2011.

Heidemanns, Martin/Harbusch, Nikolaus: *Affäre Wulff. Bundespräsident für 598 Tage -- Die Geschichte eines Scheiterns*, Berlin 2012.

Jankowitsch, Regina Maria: *Tretet zurück! Das Ende der Aussitzer und Sesselkleber*, Wien 2013.

Jürgs, Michael: *Der Tag danach. Wenn das Leben über Nacht nicht mehr ist, wie es gestern noch war*, München 2006.

Kellerhoff, Sven Felix: Rücktritt als Präsident: Als Lübke den Köhler machte, in: *Die Welt* vom 31. Mai 2010.

Koch, Dirk: *Der ambulante Schlachthof oder Wie man Politiker wieder das Fürchten lehrt. Die letzten Geheimnisse der Bundesrepublik*, Frankfurt am Main 2016.

Leinemann, Jürgen: *Höhenrausch. Die wirklichkeitsleere Welt der Politiker*, München 2005.

Müller, Peter: *Der Machtkampf. Seehofer und die Zukunft der CSU*, München 2016.

Niejahr, Elisabeth/Pörtner, Rainer: *Joschka Fischers Pollenflug und andere Spiele der Macht. Wie Politik wirklich funktioniert*, Frankfurt am Main 2004.

Philipp, Michael: *Persönlich habe ich mir nichts vorzuwerfen. Politische Rücktritte in Deutschland von 1950 bis heute*, München 2007.

Wulff, Christian: *Ganz oben. Ganz unten*, München 2014.

PERSONENREGISTER

150

HERAUSGEBER UND AUTOREN

Professor Bodo Hombach

Prof. Bodo Hombach ist Präsident der *Bonner Akademie für Forschung und Lehre praktischer Politik (BAPP)*. Er lehrt an der Universität Bonn und an der Hochschule Bonn-Rhein-Sieg. Er war u. a. zehn Jahre Geschäftsführer eines internationalen Stahlhandelshauses, Minister für Wirtschaft und Verkehr in NRW, Bundesminister für besondere Aufgaben und Chef des Kanzleramtes, Sonderkoordinator der G9, OSZE, NATO und EU für Südosteuropa nach den Balkankriegen. Von 2002 bis 2012 war er Geschäftsführer der WAZ-Mediengruppe.

Professor Dr. Volker Kronenberg

Prof. Dr. Volker Kronenberg lehrt Politische Wissenschaft am Institut für Politische Wissenschaft und Soziologie der Universität Bonn sowie als Honorarprofessor an der Hochschule Bonn-Rhein-Sieg. Er ist Vorsitzender des Wissenschaftlichen Beirats der *Bonner Akademie für Forschung und Lehre praktischer Politik (BAPP)*.

Dr. Moritz Küpper

Moritz Küpper ist promovierter Politikwissenschaftler sowie Landeskorrespondent für den *Deutschlandfunk* in Nordrhein-Westfalen. Zuvor arbeitete er als Redakteur in der *Deutschlandfunk*-Sportredaktion sowie beim Wirtschaftsmagazin *Capital*. Er ist Autor der Bücher »Politik kann man lernen. Politische Seiteneinsteiger in Deutschland«, »Die Joker. Warum unsere Gesellschaft Generalisten braucht« sowie »Es war einmal ein Spiel. Wie der Fußball unsere Gesellschaft beherrscht«.

DANK

Zurückzutreten ist – je nachdem von welchem Amt und trotz allen mitunter berechtigten öffentlichen Interesses – fast immer ein schmerzhafter, vor allem aber auch persönlicher Prozess. Die Bereitschaft, über einen solchen Schritt zu sprechen, unter welchen Umständen auch immer er erfolgte, verdient daher Hochachtung. Ohne die Einblicke und Einschätzungen von Betroffenen wäre dieses Buch nicht möglich gewesen. Daher gilt der größte Dank den Interview- und Gesprächspartnern: Andrea Abele-Brehm, Kurt Beck, Karl-Theodor zu Guttenberg, Bodo Hombach, Klaus Kinkel, Roland Koch, Sabine Leutheusser-Schnarrenberger, Christian Lindner, Hartmut Mehdorn, Matthias Platzeck, Marcel Reif, Dagmar Reim, Rudolf Scharping, Thomas Schüller, Rudolf Seiters und Marina Weisband.

Ein großer Dank ist an den Tectum Verlag – und hier insbesondere an Heinz-Werner Kubitza, Sabine Manke und Volker Manz – zu richten. Von Anfang an war die Begeisterung für dieses Projekt spürbar und man konnte sich jederzeit auf die fachkundige und engagierte Unterstützung durch den Verlag verlassen.

Die Umsetzung ermöglicht haben die handelnden Personen in der *Bonner Akademie für Forschung und Lehre praktischer Politik (BAPP)*. Karsten Jung und Hannes Wiethölter ist daher ebenfalls für ihren Einsatz zu danken.

Bodo Hombach, Edmund Stoiber (Hg.)

Europa in der Krise

Vom Traum zum Feinbild

2017, 218 Seiten
Klappenbroschur, 14,8 x 21 cm
19,95 € [D/A]
ISBN 978-3-8288-3854-3

Unter dem Eindruck des bevorstehenden Austritts Großbritanniens aus der Europäischen Union haben Edmund Stoiber und Bodo Hombach bedeutende Persönlichkeiten aus Politik, Wissenschaft und Gesellschaft um das gemeinsame Projekt Europa versammelt – darunter Sigmar Gabriel, Martin Schulz, Karl-Heinz Rummenigge, Elmar Brok, Ann-Kristin Achleitner, Gesine Schwan, Rolf-Dieter Krause u. v. a.

Die Frage, wie es nach dem Brexit mit Europa weitergehen soll, können derzeit weder die Wortführer in London noch die Verantwortlichen in Brüssel und Berlin beantworten. Sicher ist: Angesichts von Flüchtlingsströmen, Wirtschaftskrise, Massenarbeitslosigkeit und umstrittenen Finanzhilfen verliert das viel beschworene »größte Friedensprojekt der Geschichte« immer mehr an Überzeugungskraft. Damit Europa in künftigen Referenden den Test der öffentlichen Meinung bestehen kann, braucht es dringend politische Fantasie, Geduld und den Mut, bequeme Mythen durch pragmatisches Handeln zu ersetzen.

Mit fundierten Analysen und vernünftigen Argumenten beleuchten die in diesem Band versammelten Experten aus unterschiedlichen Blickwinkeln die Vorteile und Chancen, aber auch die Grenzen der europäischen Integration.

Prof. Bodo Hombach ist Präsident der Bonner Akademie für Forschung und Lehre praktischer Politik (BAPP). Er lehrt an der Universität Bonn und an der Hochschule Bonn-Rhein-Sieg.
Dr. Dr. h.c. Edmund Stoiber war von 1988 bis 1993 bayerischer Innenminister und von 1993 bis 2007 bayerischer Ministerpräsident.

Reinhard Crusius

Rettet Europa, nicht nur die Banken!

Mit einem Begleitwort von
Prof. Dr. Wilhelm Nölling

2014, 516 Seiten
Klappenbroschur
18,95 € [D/A]
ISBN 978-3-8288-3292-3

‚Wer einen Sumpf trockenlegen will, darf nicht die Frösche fragen!' Nach diesem zynischen Motto wird seit Jahren Euro- und Europapolitik diktiert – ökonomisch katastrophal, schuldenpolitisch kontraproduktiv, europapolitisch zerstörerisch, sozialpolitisch ungerecht. Die großen Nutznießer: Die Reichen und Eliten in den Krisenländern und die europäischen Großbanken. Die Opfer: Die Bevölkerungsmehrheit in den jeweiligen Krisenstaaten – vor allem auch die deutschen Steuerzahler. So darf es nicht weitergehen!

Fulminante und akribische Kritik mündet hier in Alternativen für ein besseres, zukunftsfähiges Europa. Dies vor allem für Nichtökonomen verständlich aufzubereiten, ist der Zweck des unterhaltsamen Buches. Nach der Lektüre ist man sicher zorniger, aber auch urteilsfähiger und gewappnet gegen die europolitischen Mantras unserer Politiker und Ökonomen. ‚Wer Europa retten will, muss auch die Frösche fragen!'

Dr. Reinhard Crusius, geboren 1941 in Gütersloh; viele Jahre Arbeit als Schriftsetzer; Studium über Zweiten Bildungsweg in Hamburg; Diplom-Volkswirt, Dr. rer. pol.; Habilitation an der TU Berlin. Diverse Aufsätze, Rundfunkbeiträge und Veröffentlichungen.

Jürgen Rüttgers

Mehr Demokratie in Europa

Die Wahrheit über Europas Zukunft

2016, 128 Seiten
Paperback, 12,2 x 19 cm
15,95 € [D/A]
ISBN 978-3-8288-3806-2

Wer ist Europa? Über diese Frage streiten seit Jahren Politiker, Juristen, Historiker, Politikwissenschaftler, Europäer und Antieuropäer.

Weltfinanzkrise, Eurokrise, Staatsschuldenkrise, Flüchtlingskrise, Brexit. Viele Unionsbürger fühlen sich angesichts der europäischen Gefahrenherde überfordert. Sie suchen ihr Heil in der Vergangenheit und Nationalisten wie Globalisierungskritiker versprechen das Blaue vom Himmel durch die Rückkehr in die Nationalstaatlichkeit. Doch was sind eigentlich Nationalstaaten? Wer oder was ist das Volk – was die Nation – und was ein Staat?

Jürgen Rüttgers, der früher als ‚Zukunftsminister' und Ministerpräsident selbst Politiker war, räumt auf mit den gängigen Vorurteilen und Halbwahrheiten. Fachlich fundiert, dabei anschaulich und in verständlicher Sprache, erläutert er vermeintlich klare Begriffe wie Volk, Staat, Nation und Nationalstaat und stellt so die Diskussion um die Zukunft Europas auf ein sicheres Fundament. Als langjähriger Fachmann und guter Analytiker weiß Rüttgers, dass die europäische Krise ohne klare Ziele nicht überwunden werden kann: Europa braucht mehr Transparenz, mehr Demokratie, mehr Gewaltentrennung und mehr demokratische Verantwortlichkeiten.

Prof. Dr. Jürgen Rüttgers war Bundesminister für Bildung, Wissenschaft, Forschung und Technologie und Ministerpräsident von Nordrhein-Westfalen. Er arbeitet heute als Anwalt und als Professor am Institut für Politische Wissenschaft und Soziologie der Universität Bonn.

Bodo Hombach (Hg.)

Skandal-Politik!
Politik-Skandal!

Wie politische Skandale entstehen, wie
sie ablaufen und was sie bewirken

Bonner Vorträge und Diskurse | Band 2

2013, 185 Seiten
Klappenbroschur
19,90 € [D/A]
ISBN 978-3-8288-3077-6

Sie erhitzen die Gemüter, bieten attraktiven Stoff für die Medien und fordern Politik und Justiz heraus. Skandale beschäftigen den Obstverkäufer genauso wie den Journalisten und den Politiker. Rücktritte, Titelaberkennungen und »Shitstorms« sind jedoch nur eine Seite der Medaille: Skandale erfüllen auch eine wichtige gesellschaftliche Funktion. Sie beleben die Debatte um gemeinsame Werte, aber auch um Presse- und Meinungsfreiheit in der Demokratie.

Dieser Band versammelt Strukturanalysen, Erörterungen sowie Fallbeispiele aktueller Skandale an der Schnittstelle von Politik, Medien und Wirtschaft. Namenhafte Autoren gehen in ihren Beiträgen dem Wesen, der Struktur und der Funktion von Skandalen nach. Kompetent und praxisnah erläutern sie die Rolle, den Einfluss und die Funktion von Justiz, Medien und Politik auf Skandale.

Mit Beiträgen von Bodo Hombach, Klaus Kocks, Hans Leyendecker, Alfred Merta, Stefan Pelny, Klaus Schelp und Clemens Tönnies.